PARA EL MAESTRO

LA CONFIRMACIÓN
para adolescentes

CEREMONIA DE COMPROMISO DE LA PARROQUIA

En esta lección se debe enfatizar, de modo especial, la importancia de la fe de la comunidad a la que pertenece el candidato. Para la mayoría de los adolescentes católicos, la parroquia a la que pertenecen representa su primera comunidad de fe. Por tanto, el propósito de este segmento es crear conciencia y comunicación entre la parroquia y sus candidatos, los cuales se preparan para la Confirmación. La ceremonia de compromiso de la parroquia pide el compromiso de la familia parroquial para apoyar a los candidatos con su ánimo y con sus oraciones. Esto no requiere otro compromiso por parte de los candidatos más que continuar con sus trabajos y estudios. Por lo general, esta ceremonia tiene lugar en la liturgia eucarística del domingo; de este modo, todos los miembros de la familia parroquial sabrán acerca de aquellos que se preparan para recibir el sacramento de la Confirmación.

Objetivos

1. Enfatizar a los candidatos la importancia que tiene pertenecer a una comunidad de fe y entender la verdadera presencia de Cristo en esa comunidad cada vez que esta se reúne en su nombre.
2. Ayudar a entender a los candidatos que ellos son el futuro de la Iglesia, o mejor dicho, que ellos son la Iglesia. Aunque sean jóvenes, ya son miembros de la Iglesia y, en cuanto tal, responsables de su vigor y vitalidad.
3. Por medio de la ceremonia de compromiso de la parroquia, se debe informar a la familia parroquial de las intenciones de los candidatos que están por recibir la Confirmación, a fin de que la parroquia pueda ofrecer sus oraciones y su apoyo.

ORACIÓN INICIAL

Pida silencio reverente a los candidatos y encienda la vela. Lea con suma devoción Hch 2:42-47. En este pasaje san Lucas escribe acerca de la importancia y sacralidad de las comunidades cristianas.

PREPARACIÓN PERSONAL

Emplee unos momentos para pensar en las pequeñas o grandes comunidades a las que pertenece. Reflexione en la importancia de estas comunidades en su vida de cada día (su familia, la facultad de la escuela, la escuela en su totalidad, su parroquia, su ciudad o población). ¿En qué modo el cuidado y el amor de Dios llegan a usted por medio de las personas que pertenecen a estas comunidades? ¿Podría conocer el amor, el gozo o incluso conocer a Dios sin la presencia de estas comunidades? Para iniciar

Dé inicio a la lección subrayando que la comunidad ha sido una parte esencial del Cristianismo desde sus inicios. Utilice el pasaje de Hechos de los Apóstoles, capítulo 2 como ejemplo, y enfatice que el propósito principal de san Lucas al escribir los Hechos de los Apóstoles era el de describir los orígenes y el desarrollo de las primitivas comunidades cristianas en tiempos del Nuevo Testamento. San Lucas atribuye el crecimiento de la Iglesia naciente a la acción del Espíritu Santo, concretamente a la acción ejercida sobre Pedro y Pablo. Dios mediante, para el momento de la Confirmación de los estudiantes, ellos también serán fortalecidos por el Espíritu Santo. Como los santos Pedro y Pablo, experimentarán un alto sentido de responsabilidad por cuidar y construir la Santa Iglesia de Dios.

Pida a los estudiantes tomar turnos para leer las páginas uno y dos del segundo folleto. Sería bueno que usted leyera el primer párrafo de la página dos, para que los candidatos escuchen su mensaje. "En la reunión de la comunidad, se encuentra la verdadera presencia de Cristo…" Este párrafo entero es muy importante.

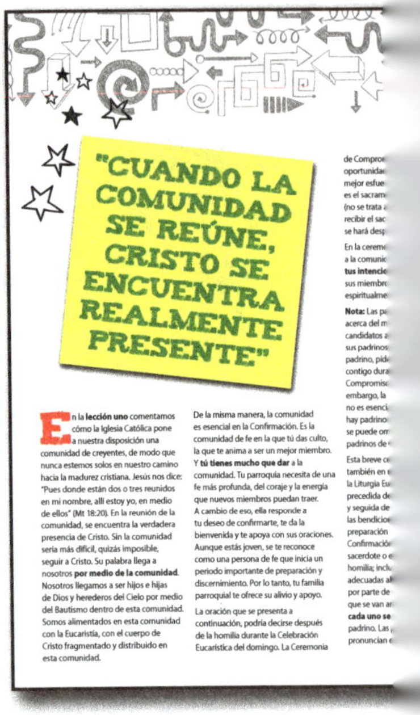
"CUANDO LA COMUNIDAD SE REÚNE, CRISTO SE ENCUENTRA REALMENTE PRESENTE"

En la **lección uno** comentamos cómo la Iglesia Católica pone a nuestra disposición una comunidad de creyentes, de modo que nunca estemos solos en nuestro camino hacia la madurez cristiana. Jesús nos dice: "Pues donde están dos o tres reunidos en mi nombre, allí estoy yo, en medio de ellos" (Mt 18:20). En la reunión de la comunidad, se encuentra la verdadera presencia de Cristo. Sin la comunidad sería más difícil, quizás imposible, seguir a Cristo. Su palabra llega a nosotros **por medio de la comunidad**. Nosotros llegamos a ser hijos e hijas de Dios y herederos del Cielo por medio del Bautismo dentro de esta comunidad. Somos alimentados en esta comunidad con la Eucaristía, con el cuerpo de Cristo fragmentado y distribuido en esta comunidad.

De la misma manera, la comunidad es esencial en la Confirmación. Es la comunidad de fe en la que tú das culto, la que te anima a ser un mejor miembro. Y **tú tienes mucho que dar** a la comunidad. Tu parroquia necesita de una fe más profunda, del coraje y la energía que nuevos miembros puedan traer. A cambio de eso, ella responde a tu deseo de confirmarte, te da la bienvenida y te apoya con sus oraciones. Aunque estás joven, se te reconoce como una persona de fe que inicia un periodo importante de preparación y discernimiento. Por lo tanto, tu familia parroquial te ofrece su alivio y apoyo.

La oración que se presenta a continuación, podría decirse después de la homilía durante la Celebración Eucarística del domingo. La Ceremonia

Ojalá que para ahora se haya aclarado el hecho de que los candidatos necesitan el apoyo de la comunidad parroquial en su preparación para su Confirmación. La ceremonia de compromiso de la parroquia cumple estos dos propósitos principales. Primero, crea conciencia dentro de la parroquia del hecho de que hay entre ellos candidatos que se preparan para su Confirmación. Segundo, la ceremonia pide a la parroquia involucrarse activamente para ayudar a los candidatos en su preparación ofreciendo sus oraciones y apoyo.

Enfatice a los estudiantes que ahora que comienzan su estudio y preparación, no se les pide tomar ningún tipo de compromiso. El compromiso es por parte de los padrinos, en caso de que estén presentes, y de la comunidad de fe (la parroquia), a quienes se les piden sus oraciones y apoyo. A lo mucho, los candidatos están prometiendo prepararse del mejor modo posible para recibir el sacramento.

QUERIDOS PAPÁ Y MAMÁ:

Como ustedes bien saben, me estoy preparando para recibir el sacramento de la Confirmación este verano. Dado que mi estudio implica profundizar en mi fe, en la Iglesia y en mi vida como cristiano, quisiera pedirles a ustedes y a toda la parroquia de ____________________ que me apoyen con sus oraciones durante este periodo de preparación. El domingo (fecha de la ceremonia de compromiso de la parroquia), me gustaría que me acompañaran durante la celebración de la Misa de las __________, donde se dará el anuncio a la comunidad acerca de nuestra Confirmación. También se le pedirá a la comunidad su promesa de rezar y apoyarnos en nuestra lucha por seguir a Jesús y su Evangelio.

Dado que ustedes han sido mis primeros maestros y guías, deseo de todo corazón que me acompañen en la ceremonia de compromiso de la parroquia.

Su hijo que les quiere,

(Nombre)

Estas cartas, de preferencia escritas a mano, deben ser enviadas por correo o el mismo candidato puede llevarlas a casa.

Otros puntos importantes:

- Frecuentemente se les repite a los jóvenes (y, por tanto, se ven como tales) que ellos son el futuro de la

PARA EL MAESTRO

LA CONFIRMACIÓN para adolescentes

BAUTISMO, CONFIRMACIÓN, EUCARISTÍA: NUESTRA INTRODUCCIÓN A LA VIDA DE LA IGLESIA

Los candidatos son instruidos acerca de los sacramentos de iniciación, Bautismo, Confirmación y Eucaristía, en la lección tres. Se les brinda una breve reseña histórica acerca del sacramento de la Confirmación, que les ayudará a entender por qué los adultos que entran a la Iglesia Católica son confirmados antes de recibir la primera Comunión. En seguida, los estudiantes repasan el significado de cada uno de los sacramentos. Se examina la relación que existe entre los tres sacramentos que inician a los nuevos miembros (sean estos jóvenes o mayores) en la vida de las comunidades de fe católica. En las preguntas para considerar, se anima a los candidatos a pensar en términos concretos acerca del significado de su bautismo, trayendo a la imaginación lo que serían sus vidas sin la influencia de la fe Católica. Por último, los estudiantes realizan una entrevista a uno de los miembros de su familia sobre su experiencia personal de fe.

Objetivos

1. Explicar y describir cada unos de los sacramentos de iniciación: Bautismo, Confirmación y Eucaristía.
2. Describir cómo los tres sacramentos de iniciación se relacionan y cómo todos juntos llevan a cabo el proceso de iniciación dentro de la Iglesia Católica.
3. Ayudar a cada uno de los candidatos a reflexionar acerca del significado y propósito de su propio bautismo, el cual dio inicio a este proceso hace algunos años.
4. Dar a cada uno de los candidatos la oportunidad de aprender acerca de la experiencia personal de alguno de sus seres queridos en su viaje de fe, durante una entrevista breve.

Preparación personal

Esta es una buena oportunidad, como catequista, para recordar los detalles y sucesos que rodearon su Primera Comunión y Confirmación. En caso de que haya sido bautizado como niño o adulto, las memorias de este sacramento deben ser particularmente importantes.

Intente recordar detalles que sean relevantes para los adolescentes, tales como lo que vestía para aquella ocasión o los cantos que fueron entonados. Céntrese en aspectos de la liturgia que tuvieron un significado especial para usted. Para nosotros como católicos de más edad, pareciera que la memorización de reglas, oraciones y definiciones tienen mayor importancia que el significado mismo del sacramento o su propio ritual. Por lo tanto, nuestra experiencia del sacramento puede ser muy diferente a la experiencia de un adolescente que recibe hoy en día el sacramento. Reflexione acerca de esas diferencias y trate de verlas como un signo de cómo la Iglesia sigue creciendo y respondiendo a las necesidades de las personas. Durante el transcurso de la lección comparta con los estudiantes algunas de sus experiencias acerca de los sacramentos de iniciación.

Para iniciar

Escoja a uno o dos estudiantes para que lean las páginas uno y dos. Aquí se da una breve descripción de la historia de los sacramentos de iniciación. Pregunte a los candidatos si alguno de ellos ha asistido recientemente a la celebración de la Vigilia Pascual durante la noche del Sábado Santo. De ser así, ¿había algún catecúmeno presente que fuera a ser introducido a la Iglesia Católica?, ¿estaba presente algún bautizado o alguno que fuera a ser confirmado? Esta es una buena oportunidad para explicar que la Iglesia Católica reconoce el bautismo de otras iglesias cristianas. Por esta razón, la persona que desee hacerse católica y haya sido bautizada en otra iglesia cristiana, no necesita ser bautizada nuevamente por un sacerdote católico. Normalmente aquellos catecúmenos que ya han sido bautizados, reciben solamente la Confirmación y la Primera Comunión durante la noche del Sábado Santo. Su iniciación en la fe comenzó con su bautismo y ahora tiene su continuación con el inicio de su vida sacramental en la Iglesia Católica.

ORACIÓN INICIAL

Pida silencio y, una vez que todos estén en su lugar, encienda la vela, que significa la presencia de Cristo. Lea con devoción el pasaje de Marcos 1:4-11, que es la narración del Bautismo del Señor. Mencione al grupo de estudiantes que el bautismo de Jesús marca el inicio de su ministerio público.

El párrafo final de la parte superior de la página dos necesita ser explicado. Hace algunas décadas los niños católicos solían recibir el sacramento de la confirmación a una temprana edad, normalmente cuando solo tenían siete u ocho años. En la actualidad, la mayoría reciben la Confirmación cuando están entre el séptimo y el decimosegundo grado (lo cual representa aún un rango muy amplio de edad y desarrollo social y emocional). Como se indica en la guía del estudiante, todavía hay mucha discusión dentro de la Iglesia Católica acerca de cuál es la mejor edad para recibir este sacramento tan importante y que, en cierto modo, se ha convertido más en un sacramento de compromiso que en un sacramento de iniciación. (Nota: para una discusión más a fondo acerca de este tema y un examen detallado de cómo otras iglesias cristianas celebran la Confirmación, pueden utilizar como referencia el libro de Paul Turner, La Confirmación: el bebé en la corte de Salomón. Esta información puede ser de gran ayuda). Este momento es propicio para dejar a los estudiantes expresar sus opiniones acerca de la mejor edad para recibir el sacramento, al mismo tiempo que discuten las ventajas y desventajas de las diversas edades.

Pida a tres de los estudiantes que compartan la lectura de la mitad baja de la página dos y la primera columna de la página tres, que ofrece una explicación breve de cada uno de los tres sacramentos de iniciación.

Después de leer la sección referente al bautismo haga hincapié en los siguientes puntos:

- Por medio del bautismo somos irreversiblemente reclamados por Dios y se nos otorga el ser miembros

de la Iglesia. Haga notar que los efectos del sacramento del Bautismo son fruto de la actividad de Dios y no de la actividad de la persona que es bautizada. Por lo tanto, la persona bautizada no necesita entender o ser consciente de la acción del ritual.

- Los efectos del Bautismo son una relación con Dios, con Jesucristo y con la Iglesia; estos son irrevocables. Por lo tanto, el bautismo es un sacramento que nunca se repite, incluso cuando la persona lo pide (véase Mark Searie, The Effects of Baptism, Catechumenate, Julio, 1990, 15-22).
- Nuestro bautismo nos confiere un profundo valor esencial. Cristo nos reclama como suyos y por medio de Jesús, nuestro hermano, nos hacemos hijos de Dios. No importa cómo nos veamos a nosotros mismos, somos queridos a los ojos de Dios e incondicionalmente amados por Él.
- El bautismo marca el inicio de nuestro viaje de fe.

Después de leer la sección acerca de la Confirmación, haga hincapié en los siguientes puntos.

- Dado que la mayoría de los candidatos fueron bautizados cuando aún eran bebés, será de gran ayuda ver la Confirmación como la parte activa de

PARA EL MAESTRO

LA CONFIRMACIÓN para adolescentes

CREEMOS

Creemos… no sigue el mismo formato de las lecciones pasadas. Dado que el contenido de la clase es muy importante y ya se ha comprimido demasiado, no ha quedado espacio suficiente para la sección de preguntas para la reflexión y tarea en familia. Aun así, la información presentada en la lección cuatro debería ser suficiente para alimentar la reflexión y la discusión.

Esta lección trata de las creencias básicas de la Iglesia Católica. Primero examina las declaraciones de fe de la Iglesia, el Credo de Nicea y el Credo de los Apóstoles. Después repasa las directrices básicas de la moral católica y la espiritualidad como vienen expuestas por la Sagrada Escritura en los Diez Mandamientos y las Bienaventuranzas. Se les debe insistir a los estudiantes que examinen y hagan preguntas acerca de las creencias de su iglesia actualmente. Lo más probable es que la discusión nacida de las preguntas de los estudiantes junto con sus comentarios, sea el aspecto más importante de esta lección.

Objetivos

1. Repasar y analizar las declaraciones de las creencias básicas de la Iglesia Católica que ya son familiares para los candidatos, como son el Credo Niceno y el Credo de los Apóstoles.
2. Estudiar cuidadosamente las orientaciones dadas por la Escritura, los Diez Mandamientos y las Bienaventuranzas.
3. Resaltar la importancia de entender la doctrina de la Iglesia Católica a fin de que se pueda hacer una decisión madura e informada, y así adentrarse con profundidad en la vida de la Iglesia.
4. Animar a los candidatos a preguntar acerca de la fe y de su Iglesia. Ayudarlos a entender que el hecho de preguntar y sacar a la luz sus dudas no es señal de falta de fe, antes bien, es un indicio del deseo de crecer en la fe.

Preparación personal

Una vez más, trate de ponerse en el lugar del adolescente que vive tiempos en los que las normas y las reglas escritas son vistas como algo restrictivo, pasado de moda o incluso innecesario. Traiga a la mente que la adolescencia es un tiempo en el que el cuestionamiento acerca de todo y un cierto grado de rebelión son algo normal e incluso un momento sano de su crecimiento como seres humanos. Tome un tiempo para recordar sus propias dudas y preguntas acerca de los principios básicos de la Iglesia Católica; aquellos que tenía como joven y aquellos que podría tener incluso hoy en día. Ocupe un tiempo para repasar de la página dos a la página cuatro de esta lección y asegúrese de que entiende con claridad y acepta estas simples directrices de la fe.

Antes de enseñar esta lección, prepárese para responder adecuadamente a preguntas más difíciles que pueden presentarse durante la clase, acerca de la doctrina de la Iglesia. Si se tiene una cierta inseguridad de cómo responder a temas controversiales (por ejemplo, la ordenación de mujeres o el uso de medios artificiales de contracepción), tenga en mente a una persona que sea una referencia confiable. Dos posibles referencias podrían ser el director de educación religiosa o el párroco que trabaja bien con los adolescentes. En resumidas cuentas, tenga un plan para poder responder del mejor modo posible a preguntas difíciles, aun cuando sea necesario que el candidato recurra a alguien más. Es importante que los estudiantes sepan que todas sus preocupaciones son importantes y dignas de ser esclarecidas.

ORACIÓN INICIAL

Pida a los candidatos un silencio reverente y encienda la vela. Lea Marcos 12:28-34. Aquí Jesús enseña a sus seguidores acerca del Primer Mandamiento que consiste en los dos principios más importantes de la fe cristiana.

Para iniciar

De preferencia, usted, como guía del grupo, lea en voz alta a los estudiantes la página uno de la lección cuatro. De este modo tendrá la oportunidad de detenerse y hacer énfasis en ciertos puntos. Después de leer el primer parágrafo dé otros ejemplos de grupos y organizaciones que estarían interesados en gente joven (por ejemplo la organización de los Scouts, equipos deportivos o clubes que operan después de la escuela). Pida a los estudiantes ideas sobre cómo obtener información de algún grupo al que les gustaría pertenecer. Asegúrese de que los estudiantes entiendan por qué es importante comprender las metas, propósitos y requisitos de una organización antes de entrar a formar parte de ella.

Utilice estos ejemplos para introducir a los candidatos en el propósito de esta lección, que es revisar las metas, propósitos y requisitos de la fe católica. Las declaraciones de fe que se abarcan en esta lección y que deberían sonar familiares a los candidatos son solo la superficie de la doctrina católica. De todos modos, estas enseñanzas son fundamentales y son dignas de estudio y revisión por parte de todos los católicos.

Otros puntos de la página uno que necesitan énfasis son los siguientes:

- La preparación para la Confirmación requiere un cuidadoso y atento estudio de las enseñanzas de la Iglesia Católica.
- En la medida en que el candidato entienda mejor la doctrina de la Iglesia, será más madura su decisión de ser un miembro activo y entregado.
- Hacer preguntas y pedir aclaraciones abre la puerta a una mayor comprensión y crecimiento personal. Preguntar no implica una falta de fe, más bien, muestra la voluntad de crecer en la fe.

La Confirmación implica un compromiso de participar en la vida de la Iglesia. Para eso cuentas con la ayuda del Espíritu Santo. Recuerda que la Confirmación es la parte activa de este proceso de iniciación. Por lo tanto, la preparación para la Confirmación requiere un cuidadoso y atento estudio de las enseñanzas de la Iglesia Católica. Mientras mejor entiendas a la Iglesia y sus enseñanzas, tu decisión de convertirte en un miembro activo y comprometido de ella será más madura.

En esta lección repasaremos algunas de las creencias más importantes de la comunidad católica, tal como se muestran en nuestras declaraciones de fe (el Credo de Nicea y el Credo de los Apóstoles) y en las directrices establecidas por la Sagrada Escritura (los Diez Mandamientos y las Bienaventuranzas). Estudia cuidadosamente estas enseñanzas. **Asegúrate de entender el significado de cada declaración. No dudes en pedir alguna explicación si hay algo que no tenga sentido para ti. Al hacer preguntas, abres la puerta para alcanzar una mejor comprensión y crecimiento.**

EL CREDO DE NICEA

En el año 325, los líderes de la Iglesia se reunieron en la ciudad de Nicea, para considerar lo que la Iglesia sostenía como Doctrina Sagrada. Este Concilio, basado en 300 años de fe vivida, formuló un credo que aún recitamos en cada Misa dominical. Contiene catorce diferentes formulaciones de fe y resume la mayoría de las enseñanzas más importantes de la comunidad.

Creo en un solo Dios,
Padre Todopoderoso,
Creador del cielo y de la tierra,
de todo lo visible y lo invisible.
Creo en un solo Señor, Jesucristo,
Hijo único de Dios,
nacido del Padre antes de todos los siglos: Dios de Dios, Luz de Luz,
Dios verdadero de Dios verdadero,
engendrado, no creado,
de la misma naturaleza del Padre,
por quien todo fue hecho;
que por nosotros, los hombres, y por nuestra salvación bajó del cielo,
y por obra del Espíritu Santo se encarnó de María, la Virgen, y se hizo hombre;
y por nuestra causa fue crucificado en tiempos de Poncio Pilato;
padeció
y fue sepultado,
y resucitó al tercer día, según las Escrituras,
y subió al Cielo,
y está sentado a la derecha del Padre;
y de nuevo vendrá con gl
juzgar a vivos y muertos,
y su reino no tendrá fin.
Creo en el Espíritu Santo,
Señor y dador de vida,
que procede del Padre y c
que con el Padre y el Hijo
una misma adoración y gl
y que habló por los profe
Creo en la Iglesia, que es u
santa, católica y apostólica
Confieso que hay un solo
para el perdón de los peca
Espero la resurrección de l
y la vida del mundo futuro
Amén.

Ponga a los candidatos a tomar turnos en la lectura de las declaraciones de fe de la página dos, los Diez Mandamientos en la página tres y de las Bienaventuranzas en la página cuatro. Después de cada lectura pregunte a los estudiantes si hay preguntas o puntos que necesiten aclaración. En particular, los Diez Mandamientos requerirán de tu ayuda, con el fin de que los estudiantes les encuentren más sentido. Expanda el sentido de las declaraciones como “no matarás”. Pregunte a los candidatos si existe alguna otra forma en la que se puede destruir la vida de otro individuo, como puede ser el abuso mental o sexual, o también el uso de otras personas para ganancia personal o mero placer. Del mismo modo “no cometerás adulterio”, puede ser visto desde una perspectiva más positiva si se hace el énfasis en la fidelidad y el compromiso con la propia pareja.

Planee usar todo el tiempo posible leyendo y discutiendo las Bienaventuranzas. Este es el centro de toda la enseñanza que Jesús nos deja por medio de su ejemplo y de su vida. En cierta manera, es más difícil vivir las Bienaventuranzas que los Diez Mandamientos. Mientras que los Mandamientos nos indican lo que no debemos hacer, las Bienaventuranzas

PARA EL MAESTRO

LA CONFIRMACIÓN para adolescentes

BREVE HISTORIA DEL SACRAMENTO

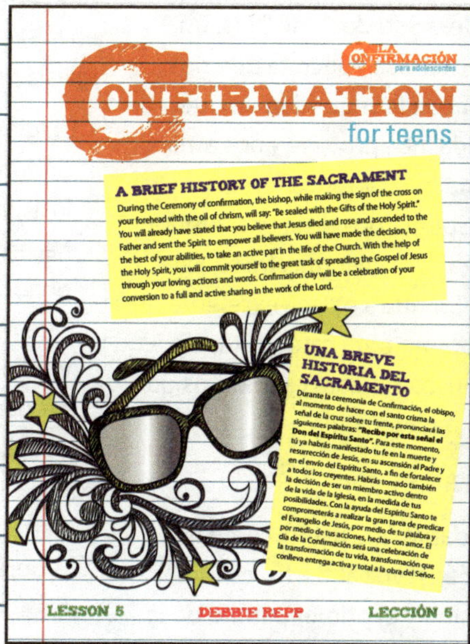
LA CONFIRMACIÓN para adolescentes

CONFIRMATION for teens

A BRIEF HISTORY OF THE SACRAMENT

During the Ceremony of confirmation, the bishop, while making the sign of the cross on your forehead with the oil of chrism, will say: "Be sealed with the Gifts of the Holy Spirit." You will already have stated that you believe that Jesus died and rose and ascended to the Father and sent the Spirit to empower all believers. You will have made the decision, to the best of your abilities, to take an active part in the life of the Church. With the help of the Holy Spirit, you will commit yourself to the great task of spreading the Gospel of Jesus through your loving actions and words. Confirmation day will be a celebration of your conversion to a full and active sharing in the work of the Lord.

UNA BREVE HISTORIA DEL SACRAMENTO

Durante la ceremonia de Confirmación, el obispo, al momento de hacer con el santo crisma la señal de la cruz sobre tu frente, pronunciará las siguientes palabras: **"Recibe por esta señal el Don del Espíritu Santo"**. Para este momento, tú ya habrás manifestado tu fe en la muerte y resurrección de Jesús, en su ascensión al Padre y en el envío del Espíritu Santo, a fin de fortalecer a todos los creyentes. Habrás tomado también la decisión de ser un miembro activo dentro de la vida de la Iglesia, en la medida de tus posibilidades. Con la ayuda del Espíritu Santo te comprometerás a realizar la gran tarea de predicar el Evangelio de Jesús, por medio de tu palabra y por medio de tus acciones, hechas con amor. El día de la Confirmación será una celebración de la transformación de tu vida, transformación que conlleva entrega activa y total a la obra del Señor.

LESSON 5 DEBBIE REPP LECCIÓN 5

La lección cinco condensa los puntos más importantes y complejos de la historia del sacramento de la Confirmación. En su origen, la Confirmación era recibida en la edad adulta, seguida del Bautismo y antes de hacer la Primera Comunión. Esta lección explica por qué se cambió el orden de los tres sacramentos y la edad de aquellos que los recibían. A pesar de las notables diferencias, el nuevo rito de la Confirmación (instituido por el Vaticano II) posee varias de las características del rito antiguo, como son: el énfasis que se hace en la unidad entre el Bautismo, la Confirmación y la Sagrada Eucaristía; así como la responsabilidad compartida de la comunidad de fe en la celebración del sacramento. La lección cinco subraya la unidad del candidato con todos los cristianos a través de los siglos.

En la última página se pide a los candidatos estudiar un párrafo importante de la Constitución Apostólica acerca del Sacramento de la Confirmación. En seguida se les sugiere considerar diversos caminos por los que ellos pueden convertirse en verdaderos testigos de Cristo por medio de sus talentos y ofreciendo su tiempo.

Objetivos

1. Familiarizar a los candidatos con la historia del sacramento de la Confirmación, desde los primeros siglos hasta el día de hoy.
2. Identificar las diferencias y reconocer las semejanzas importantes entre el rito antiguo y el rito moderno de la celebración del sacramento.
3. Discutir los aspectos más importantes del rito de la Confirmación, decretado por el Vaticano II.
4. Animar a los candidatos a pensar acerca de la mejor manera en que ellos pueden utilizar sus dones y talentos para construir el Reino de Dios aquí en la tierra.

Preparación personal

Nota: La actividad que se realizará en esta sección requiere que se hagan copias del Misal u hoja litúrgica del tiempo de Pascua. Lo ideal sería que cada estudiante tuviera su propia copia. De no ser posible, pida al párroco o al director de educación religiosa que le ayuden a conseguir, por lo menos, una copia de la liturgia de la Vigilia Pascual que se celebra en la parroquia.

Antes de impartir esta lección, podría ser de gran ayuda leer los capítulos uno y seis del libro de Paul Turner, La Confirmación: El bebé en la corte de Salomón. Estos capítulos ofrecen información muy útil para dar esta lección.

Tome su tiempo para reflexionar acerca de la oración inicial de la lección cinco, 1 Cor 2:6-16. Este pasaje magnífico habla de la Verdadera Sabiduría de Dios, una Sabiduría misteriosa y secreta que nos permite vivir con la seguridad de que Dios nos cuida, nos protege y nos ama. Esta sabiduría que Dios nos revela por medio del Espíritu, nos da la paz interior y la confianza para vivir nuestra fe. Este pasaje de la Escritura es una excelente meditación, tanto para catequistas de Confirmación, como para candidatos que se preparan para recibirla.

Para inciar

Es recomendable que usted, como líder del grupo, lea en voz alta a los candidatos las páginas uno y el primer párrafo de la página dos. Antes de leer las palabras de san Cirilo de Jerusalén, enfatice que estas palabras escritas en el siglo IV, describen al Espíritu Santo del mismo modo que lo hizo san Pablo en su Primera Carta a los Corintios, escrita en el primer siglo. La enseñanza católica de hoy en día refleja las mismas ideas, pues, en efecto, hemos recibido el sello del Espíritu Santo en Cristo Jesús Señor nuestro. El Espíritu que habita en nosotros nos da la sabiduría para entender lo que no podemos comprender ahora. En efecto, gracias a este maravilloso don, estamos en unión con los miembros cristianos a través de los siglos.

Continúe leyendo las palabras de san Cirilo y el recordatorio de la primera columna de la página dos. Los candidatos pueden alternarse para leer las tres partes que resumen la historia de la Confirmación (páginas dos y tres).

Estas son las ideas que se deben recalcar en la sección que tiene como título "La Iglesia primitiva y los catecúmenos":

- La Iglesia primitiva tenía un prolongado periodo de preparación e instrucción para aquellos que querían hacerse miembros de la Iglesia. Este periodo se llamaba "catecumenado". Este mismo término es usado hoy en día para describir el periodo de preparación y estudio que emprenden aquellos adultos que desean entrar en la Iglesia Católica. Aquellos que pertenezcan a una parroquia con un programa activo para la iniciación de los adultos, podrán ser testigos de este periodo de preparación durante las celebraciones dominicales del mes que precede la Pascua. Este podría y debería ser un tiempo para renovar la fe de la asamblea.
- En la mayoría de las parroquias los catecúmenos abandonan la Misa al concluir la Liturgia de la Palabra. A partir de ese momento, ellos continúan con su estudio fuera de la Celebración Eucarística. Haga notar la semejanza entre esta práctica de la Iglesia en la actualidad y la costumbre en la Iglesia primitiva. Resalte que los ritos modernos tienen sus raíces en los ritos antiguos.

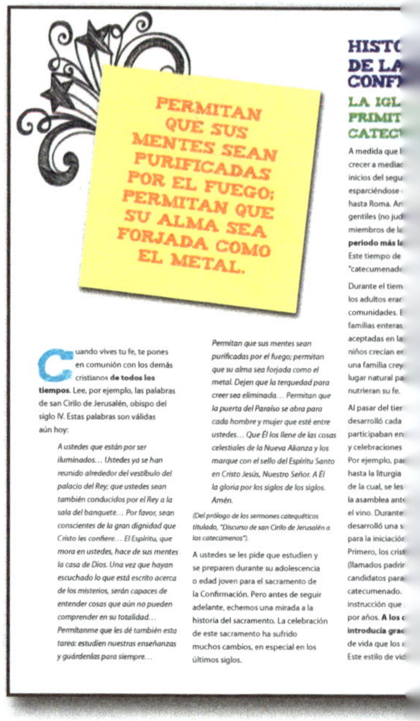
PERMITAN QUE SUS MENTES SEAN PURIFICADAS POR EL FUEGO; PERMITAN QUE SU ALMA SEA FORJADA COMO EL METAL.

Cuando vives tu fe, te pones en comunión con los demás cristianos **de todos los tiempos**. Lee, por ejemplo, las palabras de san Cirilo de Jerusalén, obispo del siglo IV. Estas palabras son válidas aún hoy:

> *A ustedes que están por ser iluminados… Ustedes ya se han reunido alrededor del vestíbulo del palacio del Rey; que ustedes sean también conducidos por el Rey a la sala del banquete… Por favor, sean conscientes de la gran dignidad que Cristo les confiere… El Espíritu, que mora en ustedes, hace de sus mentes la casa de Dios. Una vez que hayan escuchado lo que está escrito acerca de los misterios, serán capaces de entender cosas que aún no pueden comprender en su totalidad… Permítanme que les dé también esta tarea: estudien nuestras enseñanzas y guárdenlas para siempre… Permitan que sus mentes sean purificadas por el fuego; permitan que su alma sea forjada como el metal. Dejen que la terquedad para creer sea eliminada… Permitan que la puerta del Paraíso se abra para cada hombre y mujer que esté entre ustedes… Que Él los llene de las cosas celestiales de la Nueva Alianza y los marque con el sello del Espíritu Santo en Cristo Jesús, Nuestro Señor. A Él la gloria por los siglos de los siglos. Amén.*

(Del prólogo de los sermones catequéticos titulado, "Discurso de san Cirilo de Jerusalén a los catecúmenos").

A ustedes se les pide que estudien y se preparen durante su adolescencia o edad joven para el sacramento de la Confirmación. Pero antes de seguir adelante, echemos una mirada a la historia del sacramento. La celebración de este sacramento ha sufrido muchos cambios, en especial en los últimos siglos.

- Subraye la gran semejanza entre el rito actual del Bautismo, el de la Confirmación de los adultos y su participación en la Eucaristía celebrada en la noche del Sábado Santo.

Ideas que se tienen que enfatizar en la sección titulada "Edad media y tiempos modernos":

- La Edad Media representó un periodo de grandes cambios para el sacramento de la Confirmación. En ese entonces, la mayoría de los candidatos para la Confirmación eran adolescentes y el sacramento estaba claramente separado del Bautismo. La Confirmación se conocía como el sacramento por el que uno se volvía soldado de Cristo.
- La presencia del obispo, como lo es ahora, recordaba a los candidatos que ellos eran parte de la Iglesia universal, del Pueblo de Dios, y no solo de su familia parroquial.

Ideas que deben enfatizarse durante la lectura de la sección titulada "Los cambios del siglo XX":

- En este periodo se ha alterado el orden tradicional para recibir los sacramentos de iniciación. La mayoría

ORACIÓN INICIAL

Encienda su vela. En este momento sería de gran ayuda que recordara a los candidatos que la vela encendida simboliza la presencia de Cristo entre quienes se reúnen en su nombre. Lea el pasaje de 1 Cor 2:6-16. Este hermoso pasaje es una clara evidencia de que el poder del Espíritu Santo ha estado presente en el Pueblo de Dios desde los inicios de la Iglesia. El Espíritu nos da la verdadera sabiduría, lo cual nos permite incluso entender la profundidad de Dios.

PARA EL MAESTRO

LA CONFIRMACIÓN para adolescentes

EL SACRAMENTO DEL ESPÍRITU SANTO

Dado que el sacramento de la Confirmación se centra en la presencia especial del Espíritu Santo en nuestra vida y en la vida de la comunidad, la presente lección quiere repasar lo que la Iglesia enseña acerca del Espíritu Santo. La primera parte de esta lección examina extractos del Catecismo de la Iglesia Católica que nos ayudan a entender, de mejor manera, la naturaleza y oficio del Espíritu Santo. La segunda parte echa un vistazo al modo en que se describe al Espíritu Santo en la Sagrada Escritura. Se pone un énfasis especial en la palabra hebrea RUAH, que describe al Espíritu de Dios como un soplo dador de vida. Por último, la tarea para la familia, centra la atención de los candidatos en situaciones de su vida cotidiana en las que la acción del Espíritu Santo es muy evidente.

Objetivos

1. Estudiar las enseñanzas de la Iglesia acerca del Espíritu Santo, examinando extractos del Catecismo de la Iglesia Católica.
2. Examinar los efectos del sacramento de la Confirmación a través de la acción del Espíritu Santo, como viene descrito en el Catecismo.
3. Por medio de un estudio breve de los pasajes más relevantes de la Escritura, examinar la influencia y la actividad del Espíritu Santo desde que Dios creó el mundo.
4. Entender mejor la reverencia que la Iglesia tiene por el Espíritu Santo, a través del estudio del Catecismo y la Sagrada Escritura.
5. Ayudar a los candidatos a reconocer el trabajo e influjo del Espíritu Santo en su vida presente.

Preparación personal

Nota: La actividad ofrece la oportunidad de hacer algunos dibujos o pinturas sencillas a aquellos estudiantes que estén interesados en obras de arte. Pida a los candidatos que disfrutan del arte que traigan consigo algo de material, pueden ser lápices, colores, acuarelas o incluso marcadores. También van a necesitar algo de papel para pintar. Aquellos que no deseen pintar, van a necesitar papel para escribir. Todos los candidatos, como de costumbre, deben tener sus diarios espirituales.

El Catecismo nos dice que el sacramento de la Confirmación "los enriquece con una fortaleza especial del Espíritu Santo" (CIC 1285). Tómese unos momentos para reflexionar acerca de un momento en el que haya sido fortalecido con el poder

En el sacramento de la Confirmación, se pone un especial énfasis en la presencia del Espíritu Santo en nuestras vidas y en la vida de la comunidad. Por tanto, es importante para nosotros repasar lo que la Iglesia enseña acerca del Espíritu Santo.

Nuestro Catecismo tiene muchas enseñanzas acerca del poder del Espíritu. Aprendemos que el Espíritu anima toda la Creación y está "en el origen del ser y de la vida de toda creatura" (CIC 703). El Espíritu despierta nuestra fe y permite nuestra comunicación con Cristo (CIC 683-684), nos ayuda a crecer en libertad espiritual (CIC 1742), es el maestro y fuente de la oración (CIC 741, 2652), y es el autor principal de la Sagrada Escritura (CIC 304). Por medio del poder del Espíritu Santo, se nos revela Dios, al igual que el misterio de la Trinidad (CIC 244, 684, 687). En efecto, la Iglesia considera al Espíritu Santo **la fuente de toda santidad** (CIC 749).

En lo que respecta a las comunidades de la Iglesia, el Catecismo nos enseña que el Espíritu es esencial en la unidad de la Iglesia (CIC 813) y que es el responsable de dirigir y apoyar a la Iglesia (CIC 747, 768). La Iglesia es el Templo, el lugar donde mora el Espíritu (CIC 797-798).

El Espíritu Santo es también el portador generoso de dones (CIC 2003). Uno de los beneficios más grandes de recibir el sacramento de la Confirmación es que **"aumenta en nosotros los dones del Espíritu Santo"** (CIC 1303). En la siguiente lección veremos con más detalle los dones y frutos del Espíritu Santo. Por ahora, examinemos lo que sucede durante la Confirmación cuando recibimos el sello del don del Espíritu Santo.

El Catecismo de la Iglesia Católica declara firmemente que la Confirmación es una celebración del misterio cristiano, en el que aquellos que van a ser

del Espíritu. Quizá ante la muerte de un ser querido se pudo mantener positivo y lleno de fe. A lo mejor por medio de la fe y la oración fue capaz de enfrentar un problema con su hijo o alguna crisis familiar. Recuerde cómo su fe en Dios permitió que el Espíritu Santo lo fortaleciera con su fuerza.

Se les pedirá a los candidatos que realicen una tarea parecida en la tarea en familia. Para eso será de gran ayuda que comparta algunos ejemplos de la influencia y la acción del Espíritu Santo en su propia vida.

Para inciar

Pi-da a los candidatos que vean la ilustración del hombre joven que fortalece su cuerpo alzando pesas. Solicite a los estudiantes que describan por qué es importante mantener nuestros cuerpos fuertes y en forma. ¿Qué pasa cuando descuidamos o maltratamos nuestros cuerpos? Si nos duele algo, ¿nos vemos afectados mentalmente, emocionalmente o incluso espiritualmente? De la misma manera, ¿qué pasa si descuidamos o dejamos de alimentar nuestro espíritu?, ¿cómo afecta a toda la persona un espíritu enfermo? Pregunte a los candidatos si han conocido a alguien cuyo espíritu se ha perdido o destruido a causa de la negligencia o el abuso. Si necesita algún ejemplo, describa la lenta autodestrucción de una persona que depende del alcohol u otra droga. El espíritu de un adicto está descuidado y eventualmente se destruye a causa de que él o ella se han dedicado, implacablemente y sin control, a la búsqueda de esa sustancia adictiva.

La página dos del folleto del estudiante es extremadamente importante y debería repasarse frase tras frase. Inicie con el segundo párrafo. Sería mejor si cada estudiante lee una de las frases. Cada frase contiene uno o más extractos del Catecismo. Algunos de estos extractos tienen grandes implicaciones. Por ejemplo, el Catecismo afirma que el Espíritu Santo "está en el origen del ser y de la vida de toda creatura" (CIC 703). ¡Qué palabras tan fuertes! ¡El Espíritu Santo es esencial para la vida misma! No es de sorprenderse que los escritores hebreos usen el término RUAH, que significa algo así como "aliento", para representar al Espíritu, una realidad difícil de describir. Aun así, la palabra aliento nos ayuda a entender cuán esencial es el Espíritu en nuestras vidas.

El primer grupo de extractos describe la naturaleza y papel del Espíritu Santo, fuente de toda santidad. El segundo grupo de extractos describe la relación del Espíritu Santo con la Iglesia. Una vez más, estudie este párrafo frase por frase. El siguiente grupo de extractos describe la acción del Espíritu Santo durante el sacramento de la Confirmación. Esto incluye los efectos del sacramento (1303, 1304) que son resaltados a la mitad de la página dos. Otra vez, se debe poner atención a cada una de las frases. Asegúrese de que los candidatos se sientan con la libertad de hacer preguntas y pedir aclaraciones de cada una de las frases.

Cuando terminen de leer y discutir la página número dos, concluya enfatizando que el Espíritu Santo nos mueve hacia una acción positiva y a una participación activa en nuestras familias, en nuestras comunidades de fe y en nuestro mundo, a fin de que seamos testigos.

La página tres del folleto del estudiante es una breve reseña de cómo el Espíritu Santo es descrito por los autores inspirados de la Sagrada Escritura. Los candidatos pueden turnarse para leer esta página en voz alta. Estos son los puntos que deben resaltarse:

- La Escritura hace referencia al poder que posee el Espíritu Santo para dar la vida, tanto en el Antiguo como en el Nuevo Testamento. De hecho, se hace referencia al Espíritu en el libro del Génesis, primer libro del Antiguo Testamento.
- Los autores hebreos utilizan el término RUAH, que significa algo así como viento, aliento o espíritu. Aunque no poseemos palabras que describan adecuadamente la naturaleza del Espíritu Santo, los autores inspirados de la Escritura dejan claro que el Espíritu es el poder creador de Dios

ORACIÓN INICIAL

Encienda la vela del grupo.

Lea con atención Lc 4:14-21. Es un pasaje al cual se hará referencia posteriormente. Lucas describe cómo Jesús mismo fue ungido por el Espíritu Santo y enriquecido con una fuerza especial para comenzar su ministerio público. En cierto sentido, esta fue la "Confirmación" de Jesús; y en ese momento, al ser sellado con el don del Espíritu Santo, Él se decide a adentrarse totalmente en la obra de Dios.

PARA EL MAESTRO

LA CONFIRMACIÓN
para adolescentes

EL ESPÍRITU SANTO, PORTADOR DE DONES

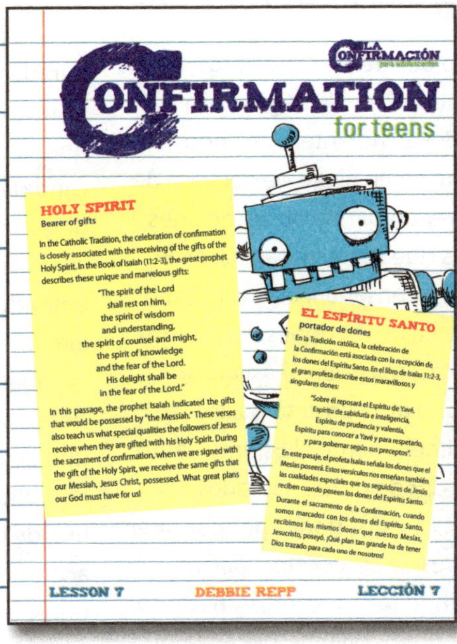
LA CONFIRMACIÓN para adolescentes

CONFIRMATION for teens

HOLY SPIRIT
Bearer of gifts

In the Catholic Tradition, the celebration of confirmation is closely associated with the receiving of the gifts of the Holy Spirit. In the Book of Isaiah (11:2-3), the great prophet describes these unique and marvelous gifts:

"The spirit of the Lord
shall rest on him,
the spirit of wisdom
and understanding,
the spirit of counsel and might,
the spirit of knowledge
and the fear of the Lord.
His delight shall be
in the fear of the Lord."

In this passage, the prophet Isaiah indicated the gifts that would be possessed by "the Messiah." These verses also teach us what special qualities the followers of Jesus receive when they are gifted with his Holy Spirit. During the sacrament of confirmation, when we are signed with the gift of the Holy Spirit, we receive the same gifts that our Messiah, Jesus Christ, possessed. What great plans our God must have for us!

EL ESPÍRITU SANTO
portador de dones

En la Tradición católica, la celebración de la Confirmación está asociada con la recepción de los dones del Espíritu Santo. En el libro de Isaías 11:2-3, el gran profeta describe estos maravillosos y singulares dones:

"Sobre él reposará el Espíritu de Yavé,
Espíritu de sabiduría e inteligencia,
Espíritu de prudencia y valentía,
Espíritu para conocer a Yavé y para respetarlo,
y para gobernar según sus preceptos".

En este pasaje, el profeta Isaías señala los dones que el Mesías poseerá. Estos versículos nos enseñan también las cualidades especiales que los seguidores de Jesús reciben cuando poseen los dones del Espíritu Santo.

Durante el sacramento de la Confirmación, cuando somos marcados con los dones del Espíritu Santo, recibimos los mismos dones que nuestro Mesías, Jesucristo, poseyó. ¡Qué plan tan grande ha de tener Dios trazado para cada uno de nosotros!

LESSON 7 — DEBBIE REPP — LECCIÓN 7

Esta lección se enfoca en los dones del Espíritu Santo, que reciben de modo especial los candidatos en el momento de su Confirmación. Estos dones son: sabiduría, entendimiento, coraje (conocido también como fortaleza), juicio correcto (conocido también como consejo), reverencia (conocido también como piedad), ciencia y asombro o admiración en la presencia de Dios (también conocido como temor de Dios). Estos dones nos permiten ser mejores imitadores de Cristo porque Él mismo los posee. Estos sirven para completar y perfeccionar la bondad que ya existe en cada uno de nosotros. Los dones son herramientas que necesitaremos conforme más nos involucremos en el trabajo de la Iglesia y continuemos con nuestro viaje hacia la madurez cristiana.

Objetivos

1. Reconocer que la Confirmación es un sacramento en el que quienes lo reciben son fortalecidos por los dones del Espíritu Santo, sostén y guía en nuestro camino hacia la madurez cristiana.
2. Examinar y describir cada uno de los dones del Espíritu Santo.
3. Entender que el Espíritu otorga estos dones no solo para nuestro beneficio, sino para el bien de nuestra comunidad de fe, para nuestra Iglesia entera y para todo el mundo.
4. Describir brevemente los doce frutos del Espíritu Sano que son "perfecciones que forma en nosotros el Espíritu Santo como primicias de la gloria eterna" (CIC 1832).
5. Animar a cada uno de los candidatos a enfocarse en aquellos dones del Espíritu que son especialmente importantes y relevantes en este momento para sus propias vidas.

Preparación personal

Antes de impartir esta lección, revise la descripción breve que se hace de cada uno de los siete dones en la página dos del folleto del estudiante. Mientras todos estos atributos son esenciales para ser un verdadero imitador de Cristo, céntrese en uno que crea que sea de especial ayuda para usted como catequista. Quizá necesite un poco de ánimo extra, pues se siente superado o desafiado por la tarea de enseñar y formar a estos adolescentes cristianos. El reto de enseñar adolescentes le puede evidenciar algo de falta de paciencia, de apertura de mente y de una mayor perspectiva, lo cual forma parte del don de sabiduría.

Como usted ya ha recibido los dones del Espíritu Santo en el momento de su Confirmación, emplee solo un momento para pedir al Espíritu que le dé una mayor conciencia de los dones que posee y pida su ayuda para usar esos dones del mejor modo posible.

Para iniciar

Pida a uno o dos de los candidatos que comiencen a leer la página uno del folleto del estudiante, poniendo mucha atención en el pasaje del libro de Isaías. Ahí hay un par de observaciones importantes que se necesitan hacer. En primer lugar, la enseñanza de la Iglesia Católica acerca de los dones del Espíritu Santo tiene sus raíces en el Antiguo Testamento. El gran profeta Isaías describe primeramente al Espíritu Santo como portador de dones sagrados. En segundo lugar, estos dones nos permiten ser imitadores de Jesucristo, nuestro Mesías. Cuando reconocemos y hacemos uso de esos dones divinos, nos volvemos más como Cristo. El sacramento de la Confirmación, que nos da la oportunidad de recibir de modo especial los dones del Espíritu, es en realidad alimento para nuestro largo viaje.

La columna izquierda de la página dos, da al candidato una oportunidad para revisar la oración que el obispo recitará mientras extiende sus manos sobre ellos durante la ceremonia de Confirmación. Dado que esto es importante, se recomienda que lea a los candidatos la oración en voz alta. Note cómo esta oración une directamente la Confirmación con el Bautismo, como una continuación del trabajo del Espíritu Santo. Enfatice que Dios manda al Espíritu Santo en nuestra ayuda y como nuestro guía. Dios nunca nos deja solos en nuestro viaje.

La página número dos continúa con una mirada más cercana a cada uno de los siete dones del Espíritu Santo. Este es un buen momento para hacer ver a los candidatos que los nombres de algunos de estos dones han ido cambiando con el tiempo, a fin de que podamos entenderlos con mayor facilidad. Por ejemplo, el don de fortaleza tenía el nombre de "don del coraje". Designe siete candidatos, para que cada uno lea uno de los recuadros que describen los diferentes dones. Después de leer cada una de las descripciones, se debe discutir acerca de la cualidad particular de cada don y la importancia que representan para los jóvenes que luchan por llevar una vida cristiana en medio de una sociedad secularizada. Por ejemplo, la fortaleza es algo necesario para poder vivir las propias convicciones cristianas en el mundo de hoy. Continuamente nos bombardean con mensajes que nos dicen que es normal blasfemar, abusar de nuestro cuerpo por medio del uso de tabaco, del alcohol o de alguna otra

droga; y buscar el placer físico y el éxito económico a toda costa. La televisión, las películas y los medios de comunicación social en general nos dicen que las reglas y la fe en Dios son algo anticuado. Se necesita una gran fortaleza para sostenerse en la fe y en esas convicciones esenciales cuando todos alrededor "lo hacen".

Otro don esencial y maravilloso es el de piedad. Cuando tenemos este don y luchamos para perfeccionarlo en nosotros, se nos facilita evitar el pecado. La piedad implica que nosotros protegemos y respetamos todo aquello que el Señor ha creado, la tierra con sus plantas, los animales y demás recursos; a los no nacidos y a los ancianos, a los enfermos y a los sanos, a las personas que nos caen bien e incluso a las personas que nos hacen daño. Qué seguido herimos o abusamos de aquello que supuestamente estimamos.

Dé algunos ejemplos prácticos de cómo estos dones nos ayudan en nuestras vidas de cada día a ser imitadores de Jesús. Enfatice que estos dones son verdaderamente reales y, aunque nosotros nunca seremos perfectos, estos nos ayudarán a recuperarnos y a aprender de nuestras caídas; también nos ayudarán a hacerlo mejor la siguiente vez.

ORACIÓN INICIAL

Después de encender la vela, lea con devoción la carta de san Pablo a los Romanos 8:14-17,26-27. Estos hermosos y reconfortantes versículos nos reafirman en la seguridad de que el Espíritu nos ayudará en nuestras debilidades y nos guiará hacia los brazos amorosos del Padre eterno. Después de leer este pasaje, explique a los candidatos que la palabra Abba, significa papá o papito, más que la manera formal, Padre. Abba es un término que implica una gran cercanía y familiaridad. San Pablo nos dice en esencia que si permitimos que el Espíritu Santo nos guíe, vamos a llegar a conocer a Dios más íntimamente de lo que jamás hayamos imaginado. Así llegaremos a llamar a Dios Abba.

PARA EL MAESTRO

LA CONFIRMACIÓN para adolescentes

EL SACRAMENTO DEL TESTIMONIO CRISTIANO

Uno de los objetivos de la lección siete, que se centraba en los dones del Espíritu Santo, era ayudar a los candidatos a entender que debemos usar estos dones espirituales en beneficio de toda la familia de Dios. Aunque, por una parte, representan un elemento integral de nuestro propio bienestar espiritual y emocional, por otra parte, tenemos la obligación de usar estos dones para llevar el amor de Dios a los corazones de los demás. De otra manera, corremos el riesgo de quedarnos cortos en la vivencia de nuestra vida cristiana.

Esta lección amplía el concepto del testimonio cristiano, el concepto del compromiso de continuar con la obra de Jesús. Después de repasar lo que significa servir a los demás, los candidatos pueden comenzar a examinar posibles proyectos de servicio para un futuro, teniendo en mente los intereses y limitaciones personales.

Objetivos

1. Ayudar a los candidatos a entender que el mismo Espíritu que ungió a Jesús antes de que comenzara su ministerio público, fortalecerá a cada uno para continuar la misión de Jesús (que proclamó en Lucas 4) si permanecemos abiertos a sus inspiraciones y a sus pautas.
2. Explicar el significado del término "testimonio cristiano".
3. Revisar las pautas, intereses individuales, talentos, limitaciones y aportaciones familiares, para escoger proyectos de servicio que sean apropiados y de provecho.
4. Dar ejemplos de los posibles proyectos de servicio que podrían beneficiar a los hogares de los candidatos, las parroquias, las comunidades y el mundo.
5. Más importante aún, enfatizar que servir a los demás puede y debe ser una experiencia que llena de alegría y, al mismo tiempo, nos da la oportunidad de ver el rostro de Dios en aquellos a quienes servimos.

Preparación personal

Reflexione junto con los alumnos en la manera que han servido a los demás y en cómo el testimonio cristiano ha cambiado sus vidas. Intente recordar los años de adolescencia. ¿De qué modo, aunque fuera insignificante, serviste en tu hogar, en la comunidad o en la iglesia?, ¿qué formas de testimonio cristiano tuvieron mayor significado para ti?, ¿de qué modo ejerces tu servicio de ayuda a los demás? (sin lugar a dudas, enseñar a otros es un modo de hacerlo), ¿de qué modo el servicio a los demás da sentido, propósito y alegría a tu vida? En esta lección, comparta sus experiencias con los estudiantes. Incluya los errores que haya cometido, como, por ejemplo, haber buscado cubrir más compromisos de los posibles o no aprovechar bien el tiempo. Sus aportaciones pueden ser de gran ayuda para los candidatos a la hora de considerar posibles proyectos de servicio.

Para comenzar

El folleto del estudiante profundiza en otro pasaje de la Escritura que describe la misión de Jesús (ahora nuestra misión). Pida a uno o dos candidatos que lean la parte superior de la página dos. Después de la lectura, subraye los siguientes puntos:

- Jesús también recibió fuerza y luz del Espíritu Santo, el mismo Espíritu que nos fortalece a cada uno de nosotros.
- Como cada uno de nosotros, Jesús se reservó el tiempo para contemplar su propósito y su misión. Se retiró al desierto donde se dedicó a estar solo, a ayunar y a orar. Nosotros también debemos tomar nuestro tiempo para buscar la luz del Espíritu Santo a la hora de determinar el curso de nuestras vidas. La adolescencia es el tiempo en el que comenzamos a conocernos suficientemente como para hacer la decisión de aceptar o rechazar el reto que Jesús nos da de lavar los pies de los demás.
- Discutir el significado de lavar los pies unos a otros.

ORACIÓN INICIAL

Después de encender la vela, lea con devoción Juan 13:1-17, donde se narra cómo Jesús lavó los pies de sus discípulos y les mandó hacer lo mismo unos a otros: "y ustedes deben hacer como he hecho yo" (Jn 13:15).

La sección de la página dos, titulada "Testimonio cristiano: un compromiso de realizar la obra de Jesús", da una explicación más a fondo de lo que significa el término "testimonio cristiano". En la mayoría de las parroquias la Confirmación de los adolescentes incluye un elemento de testimonio cristiano, un compromiso de realizar la obra de Jesús de involucrarse en la vida y trabajo de la Iglesia. En su esencia es la continuación de la misión de Jesús. Repase el pasaje del evangelio de Lucas (4:18-19), en el que Jesús, con palabras del profeta Isaías, anuncia la naturaleza de su misión.

En este momento pida a los candidatos que den ejemplos de cómo se podría llevar la Buena Nueva a los pobres y la vista a los ciegos en el mundo de hoy. Anímelos a que piensen, en modo figurado y no en modo literal, las preguntas ¿qué significa ser ciego? o ¿quiénes son los pobres?

La página tres relaciona la idea del testimonio cristiano con los proyectos de servicio individual, lo cual otorga a los candidatos una experiencia práctica y llena de significado de los ministerios de servicio. Una vez más, las parroquias pueden variar respecto al grado de importancia que den a los proyectos de servicio. Sin embargo, dado que la Confirmación es la parte activa del proceso de iniciación, todos los candidatos deben ser animados a definir modos muy específicos de involucrarse en el trabajo de la Iglesia.

Pida a los candidatos que lean este apartado con mucha atención. Quizá pueda asignar un párrafo a cada uno de los candidatos para que lo lean en voz alta. Deje un breve momento de silencio

Cuando el obispo te selle con el don del Espíritu Santo, serás confirmado con el mismo Espíritu que Lucas menciona en su Evangelio:

"Un día fue bautizado también Jesús entre el pueblo que venía a recibir el Bautismo. Y mientras estaba en oración, **se abrieron los cielos**: el Espíritu Santo bajó sobre él y se manifestó exteriormente en forma de paloma, y del cielo vino una voz: 'Tú eres mi Hijo, hoy te he dado a la vida'" (Lc 3:21-22).

Más tarde en ese mismo día, Lucas nos dice que Jesús se fue al desierto y ahí pasó un tiempo de ayuno y oración. Ponderó lo que su misión significaba y cómo la iba a realizar. **Pasó tiempo solo**, tratando de entender cuál era la voluntad de su Padre para Él. Por medio de una oración sincera, de una reflexión silenciosa y del poder del Espíritu Santo, Jesús regresó a Nazaret preparado para dedicar su vida a propagar la Buena Nueva. Dicho de otro modo, Jesús también tuvo que recorrer el camino de conocerse a sí mismo. Él también tuvo que hacerse las mismas preguntas que tú te estás haciendo en este momento.

Jesús anunció públicamente su misión con la lectura de una parte del libro de Isaías, en la que profetiza acerca de la misión del Mesías en la tierra:

"**El Espíritu del Señor está sobre mí.** Él me ha ungido para llevar buenas noticias a los pobres, para anunciar la libertad a los cautivos y a los ciegos que pronto van a ver, para poner en libertad a los oprimidos y proclamar el año de gracia del Señor.

Jesús entonces enrolló el libro, lo devolvió al ayudante y se sentó, y empezó a decirles: 'Hoy se cumplen estas palabras proféticas y a ustedes les llegan noticias de ello'" (Lc 4:18-19,21).

TESTIMONIO CRISTIANO

Un compromiso para realizar la obra de Jesús

Es la misión de la Iglesia entera realizar la obra de Jesús para que el Reino

entre los párrafos en letra cursiva, para que los candidatos tengan oportunidad de pensar acerca de las preguntas que se les hacen en cada sección. Si el tiempo lo permite, debe pedirles que respondan en sus diarios espirituales, de modo breve, a cada uno de los párrafos que están en letra cursiva. Explique que la razón de realizar este inventario personal es la de ayudar a cada uno de los candidatos a escoger un proyecto de servicio que sea de provecho, que les guste y que sea una experiencia de trabajo. Es importante que se definan los propios intereses y talentos antes de seleccionar un proyecto de servicio. Si algún candidato se siente incómodo estando con niños pequeños, no sería buena idea que se ofreciera a cuidar a niños pequeños durante la Misa de las 10:00 am. Del mismo modo, es importante que se consideren las propias limitaciones y las de los padres de familia en caso de que ellos provean el transporte para ir y regresar del proyecto de servicio. Si el horario de uno de los candidatos después de las clases ya está demasiado saturado, él o ella deberían buscar aquel tipo de proyectos que les permita hacer su voluntariado durante el fin de semana.

Enfatice, de la misma manera, que los proyectos de servicio no tienen que ser grandiosos. No todos estamos llamados

PARA EL MAESTRO

LA CONFIRMACIÓN para adolescentes

SIGNOS Y SÍMBOLOS DEL SACRAMENTO DE LA CONFIRMACIÓN

Signos y símbolos… examina el significado y la finalidad del ritual y del símbolo en el sacramento de la Confirmación. En primer lugar, estudia la importancia de los rituales y símbolos en nuestra vida diaria. Enseguida se describen y discuten nueve signos y símbolos significativos de la presencia de Dios que se encuentran en la celebración del sacramento de la Confirmación. Por último, se anima a los candidatos a incrementar su aprecio por los símbolos y rituales en las tradiciones importantes de la familia y de las celebraciones litúrgicas dentro de las comunidades de fe.

Objetivos

1. Entender la importancia del ritual (la pauta normal que se sigue para hacer las cosas) y el símbolo en la vida de cada día.
2. Definir los términos ritual y símbolo en su relación con la celebración litúrgica.
3. Dar una mirada más profunda a los nueve símbolos importantes de la presencia de Dios, que se encuentran en la celebración del sacramento de la Confirmación.
4. Incrementar el aprecio y la comprensión por parte de los candidatos de los ritos, signos y símbolos importantes que encontramos en nuestra vida diaria y en la vida de la Iglesia.

Preparación personal

Recuerde su celebración litúrgica preferida, Navidad, Vigilia Pascual, Domingo de Ramos o cualquier otra. O recuerde también la celebración de algún sacramento que tenga un especial significado para usted, la Eucaristía, la Confesión, el Matrimonio, etc. Al momento de reflexionar acerca de esta celebración, intente recordar todos los detalles posibles de aquella última vez que los celebró: qué decoración había en el lugar, los colores que predominaban, los cantos e himnos que se entonaron y los símbolos que tuvieron un especial significado. Las celebraciones de la Iglesia Católica son ricas en signos, símbolos y rituales. Los símbolos envuelven nuestros sentidos, nos recuerdan los misterios más profundos de nuestra fe y añaden profundidad y significado a nuestra adoración. Los rituales, por su parte, nos ayudan a saber qué esperar. Nos hacen sentir en casa y nos dan un gran sentido de tradición. También traen consigo gran sentido y aportan significado a nuestra adoración.

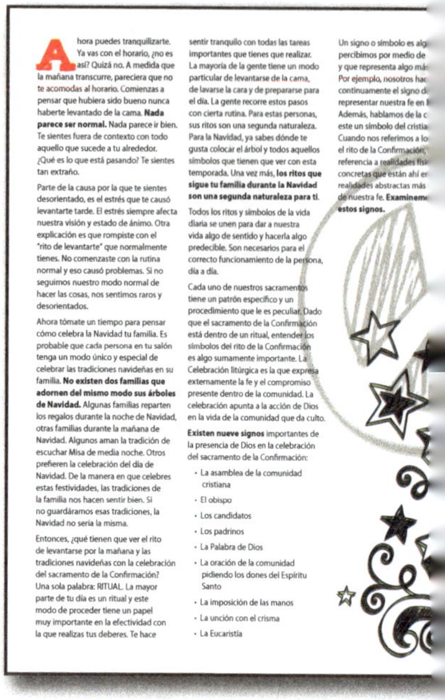

Ahora puedes tranquilizarte. Ya vas con el horario, ¿no es así? Quizá no. A medida que la mañana transcurre, pareciera que no te acomodas al horario. Comienzas a pensar que hubiera sido bueno nunca haberte levantado de la cama. **Nada parece ser normal.** Nada parece ir bien. Te sientes fuera de contexto con todo aquello que sucede a tu alrededor. ¿Qué es lo que está pasando? Te sientes tan extraño.

Parte de la causa por la que te sientes desorientado, es el estrés que te causó levantarte tarde. El estrés siempre afecta nuestra visión y estado de ánimo. Otra explicación es que rompiste con el "rito de levantarte" que normalmente tienes. No comenzaste con la rutina normal y eso causó problemas. Si no seguimos nuestro modo normal de hacer las cosas, nos sentimos raros y desorientados.

Ahora tómate un tiempo para pensar cómo celebra la Navidad tu familia. Es probable que cada persona en tu salón tenga un modo único y especial de celebrar las tradiciones navideñas en su familia. **No existen dos familias que adornen del mismo modo sus árboles de Navidad.** Algunas familias reparten los regalos durante la noche de Navidad, otras familias durante la mañana de Navidad. Algunos aman la tradición de escuchar Misa de media noche. Otros prefieren la celebración del día de Navidad. De la manera en que celebres estas festividades, las tradiciones de la familia nos hacen sentir bien. Si no guardáramos esas tradiciones, la Navidad no sería la misma.

Entonces, ¿qué tienen que ver el rito de levantarse por la mañana y las tradiciones navideñas con la celebración del sacramento de la Confirmación? Una sola palabra: RITUAL. La mayor parte de tu día es un ritual y este modo de proceder tiene un papel muy importante en la efectividad con la que realizas tus deberes. Te hace sentir tranquilo con todas las tareas importantes que tienes que realizar. La mayoría de la gente tiene un modo particular de levantarse de la cama, de lavarse la cara y de prepararse para el día. La gente recorre estos pasos con cierta rutina. Para estas personas, sus ritos son una segunda naturaleza. Para la Navidad, ya sabes dónde te gusta colocar el árbol y todos aquellos símbolos que tienen que ver con esta temporada. Una vez más, **los ritos que sigue tu familia durante la Navidad son una segunda naturaleza para ti.**

Todos los ritos y símbolos de la vida diaria se unen para dar a nuestra vida algo de sentido y hacerla algo predecible. Son necesarios para el correcto funcionamiento de la persona, día a día.

Cada uno de nuestros sacramentos tiene un patrón específico y un procedimiento que le es peculiar. Dado que el sacramento de la Confirmación está dentro de un ritual, entender los símbolos del rito de la Confirmación es algo sumamente importante. La Celebración litúrgica es la que expresa externamente la fe y el compromiso presente dentro de la comunidad. La celebración apunta a la acción de Dios en la vida de la comunidad que da culto.

Existen nueve signos importantes de la presencia de Dios en la celebración del sacramento de la Confirmación:

- La asamblea de la comunidad cristiana
- El obispo
- Los candidatos
- Los padrinos
- La Palabra de Dios
- La oración de la comunidad pidiendo los dones del Espíritu Santo
- La imposición de las manos
- La unción con el crisma
- La Eucaristía

Un signo o símbolo es alg
percibimos por medio de
y que representa algo más
Por ejemplo, nosotros hac
continuamente el signo d
representar nuestra fe en
Además, hablamos de la c
este un símbolo del cristia
Cuando nos referimos a lo
el rito de la Confirmación,
referencia a realidades fís
concretas que están ahí er
realidades abstractas más
de nuestra fe. **Examineme**
estos signos.

A medida que imparte esta lección, siga recordando su propia experiencia acerca de la importancia del ritual y el símbolo en el culto católico.

En la actividad de esta lección, se les pedirá a los candidatos que realicen una representación artística de uno de los símbolos o rituales del sacramento de la Confirmación. Dado que estos proyectos van a requerir tiempo y materiales que los candidatos van a escoger, se sugiere que solo se explique la actividad durante la clase y se complete fuera de la clase. Por lo tanto, los candidatos no necesitan llevar material adicional a la clase, a menos que usted lo pida.

Para comenzar

Pida a uno de los candidatos que lea la página uno del folleto del estudiante. Se trata de una experiencia a la cual cualquiera podría referirse de algún modo. Pregunte a los estudiantes si en alguna ocasión han experimentado la sorpresa de levantarse de la cama y darse cuenta de que es ya más tarde de lo normal. Quizá pueda pedir que levanten la mano. Señale cómo la ilustración lo dice todo.

Continúe con la lectura de la página dos del folleto del estudiante. Esta información es muy importante, así que debe leerse con mucha atención. Asegúrese de que entiendan cada uno de los párrafos. Dé unos ejemplos más de cómo llegamos a sentirnos raros cuando nos salimos de nuestra rutina diaria. Por ejemplo, cuando uno de los profesores se enferma y un sustituto toma su lugar; sería un hecho extraño que ese día transcurriera como lo hace cualquier otro día en que las cosas suceden con normalidad. O también cuando al final del día te sientas a ver tu programa de televisión favorito y te das cuenta de que van a transmitir un programa especial en lugar del que quieres ver, seguramente que te molestará mucho, si no es que te pones completamente de mal humor.

Después de leer el párrafo de la página dos acerca de la tradición de la Navidad, invite a los candidatos a compartir las tradiciones familiares que sean especialmente agradables y únicas. Pregúnteles cómo se sentirían si de repente alguien o alguna situación cambiara el modo de celebrar las fiestas navideñas. Continúe leyendo acerca de la importancia del ritual en nuestras vidas diarias. En cierto modo, el ritual podría definirse, en sentido amplio, como una rutina previsible. El texto manifiesta que la rutina es necesaria cada día para el funcionamiento sano de un individuo. Este punto se vuelve más claro cuando se considera el impacto de trastornos mayores en el funcionamiento de la familia. Normalmente una familia tarda meses y años en recuperarse de una muerte o de un divorcio. Pida a los candidatos que expliquen el porqué de esta situación. Resúmalo indicando que nosotros dependemos de la rutina en nuestras vidas (los rituales). Todos nosotros necesitamos un cierto sentido de previsibilidad.

El último párrafo de la página dos se explaya en la importancia del ritual y del símbolo de los sacramentos, en particular el de la Confirmación. En este se exponen con detalle nueve símbolos importantes de la presencia de Dios. Antes de pasar a la página tres, asegúrese de que los estudiantes poseen una clara comprensión de lo que significan los términos ritual y símbolo.

Webster define el ritual como "un modo establecido de llevar a cabo ritos". El Catecismo de la Iglesia Católica explica que todas las iglesias católicas alrededor del mundo celebran el mismo misterio pascual. No obstante, aunque "celebran en todo lugar el mismo misterio pascual", "las formas de su celebración son diversas" (CIC 1200). En otras palabras, las prácticas del ritual pueden variar de parroquia a parroquia, de región a región, pero "la riqueza insondable del Misterio de Cristo es tal que ninguna tradición litúrgica puede agotar su expresión" (CIC 1201).

Como lo indica el folleto del estudiante, un signo o símbolo es algo que se percibe por medio de los sentidos y que representa algo más profundo. Los símbolos litúrgicos, como los que vamos a considerar ahora, son físicos, realidades concretas que representan las realidades más abstractas de nuestra fe. Una vez más, el Catecismo expone de modo maravilloso el propósito del signo y del símbolo en el culto Católico. Explica que

ORACIÓN INICIAL

Encienda la vela de su salón. Una vez más, mencione su significado y el significado del cirio pascual en el espacio de culto de la Iglesia. Antes de leer el pasaje del evangelio de san Lucas, pida a los candidatos que tomen conciencia de la importancia de los rituales para Jesús y sus discípulos en el momento en el que ellos vivieron la primera Eucaristía. Enseguida lea con devoción Lucas 22:7-20.

PARA EL MAESTRO

LA CONFIRMACIÓN para adolescentes

LA CELEBRACIÓN DEL RITO DE LA CONFIRMACIÓN

La lección diez estudia las partes principales de la Celebración Eucarística que rodean a la Confirmación; desde la reunión de la comunidad de fe hasta la bendición final. El fin de este repaso es familiarizar a los candidatos con las diversas partes de la ceremonia, de modo que sepan qué es lo que les aguarda. Se espera que los candidatos entiendan que el rito de Confirmación involucra a la asamblea entera. Aquellos que se reúnen en la iglesia no son meros espectadores. Antes bien, son testigos del sacramento, y por medio de su fe, apoyan y autorizan a aquellos que están por recibir la Confirmación. Esta lección da a los candidatos oportunidad de hacer todas las preguntas que necesiten acerca de lo que será la ceremonia del día de la Confirmación. Por último, ofrece algunas sugerencias prácticas para escoger el nombre que se puede adoptar con la Confirmación y cómo elegir padrinos apropiados para la misma.

Objetivos

1. Examinar las principales partes de la Liturgia de la Confirmación: la asamblea y la entrada, la Liturgia de la Palabra, la homilía, el sacramento en cuanto tal, la liturgia de la Eucaristía y la bendición final.
2. Por medio del estudio de la liturgia, ayudar al candidato a familiarizarse y a entender mejor los aspectos litúrgicos de la celebración del sacramento de la Confirmación.
3. Establecer las directrices que ayudarán a los candidatos en la elección de nombres de Confirmación, así como a los padrinos apropiados.
4. Ayudar a los candidatos a analizar sus disposiciones antes de recibir el sacramento de la Confirmación.

Preparación personal

Es posible que no recuerde muchos de los detalles acerca del día de su Confirmación, especialmente si recibió el sacramento a una corta edad. Reflexione unos momentos acerca de lo que recuerde. ¿Qué aspectos se resaltaron durante su enseñanza?, ¿recibió el sacramento dentro de la Misa?, ¿había algún obispo presente?, ¿quién fue su padrino?, ¿tiene todavía esta persona un lugar especial en su vida?, ¿escogió un nombre de Confirmación especial?, de ser así, ¿cuál fue el nombre que eligió y por qué?, ¿quién presenció su recepción del Sacramento?

Al reflexionar acerca de estas preguntas, enfóquese primero en los aspectos positivos de la celebración, así como Ud. la experimentó. En el transcurso de la clase, intente compartir experiencias significativas con sus estudiantes, incluso si su celebración difiere significativamente de la de ellos. Asimismo tome nota de aquello que usted haría de modo diverso si fuera posible. ¿Le preocupaba demasiado aquello que vestía para la ocasión?, ¿durante su preparación se puso mucho énfasis en la memorización, más que en la comprensión? ¿Utilizaría un criterio diferente para escoger a los padrinos? Comparta también sus errores, pero no se quede en ellos; en especial si los candidatos pueden aprender algo de ellos. Recuerde que la Iglesia está en continuo crecimiento y buscando nuevos caminos para enriquecer la vida de sus miembros por medio de una experiencia más significativa de los sacramentos.

Para la actividad de esta lección se sugiere que repase con los candidatos las lecturas de la Escritura que se proclamarán durante la Liturgia de la Confirmación. De ser necesario pida la ayuda del párroco o del director de educación religiosa para obtener esas lecturas. Estas se pueden encontrar en el leccionario. Al estudiar las lecturas, se sugiere que ponga algo de música instrumental para crear una atmósfera que ayude a la reflexión. Sería bueno que tenga la música preparada antes de que comience la lección.

Para iniciar

Los estudiantes deben tomar turnos para leer el texto de las páginas dos y tres de esta lección. Después, uno de los candidatos debe leer la sección titulada "la asamblea y la entrada", destacando los siguientes puntos:

- Hay que darle a la asamblea de creyentes la importancia que se merece. Los papás de los candidatos, sus familias y amigos no vienen simplemente a "ver", sino a atestiguar, a rezar y a celebrar. El canto de la asamblea debe ser entonado por cada uno de los asistentes.
- Asegúrese de que los candidatos entienden la importancia de su propia participación en los cantos y oraciones de la comunidad. Cerciórese de que los candidatos están familiarizados con los cantos y oraciones de la celebración. Aunque es importante que los himnos sean apropiados para la liturgia de la Confirmación, es importante, asimismo, que haya himnos que tengan significado para los candidatos y que ellos disfruten. Si es posible pida a los candidatos algunas sugerencias. Su participación entusiasta en los cantos hace que la calidad de la celebración sea mejor.

Después de escuchar a uno de los estudiantes leer el párrafo corto de la Liturgia de la Palabra, discuta la importancia de escuchar atentamente la proclamación de la Palabra. Recuerde a los candidatos que la Escritura es la Palabra inspirada por Dios y una fuente de sabiduría y verdad.

Se sugiere un estudio minucioso de las lecturas de la Liturgia de la Confirmación para la actividad de esta lección. Esto

LA ASAMBLEA Y LA ENTRADA

La celebración del sacramento de la Confirmación inicia con la reunión de todos los participantes en sus lugares. Este es el fin de la procesión de entrada. Es un momento solemne que marca el tono para todo lo que viene enseguida. Normalmente, la procesión incluye al crucifero y a los acólitos, los candidatos y sus padrinos, el lector que porta la Palabra de Dios, el diácono, el o los concelebrantes y el obispo. Toda la asamblea entona un canto apropiado durante la procesión, estableciendo así una atmósfera de oración y celebración.

LITURGIA DE LA PALABRA

La Liturgia de la Palabra es la proclamación de las lecturas de la Sagrada Escritura. Estas lecturas pueden encontrarse en el leccionario. Los candidatos deben estudiar por adelantado estas lecturas.

LA HOMILÍA

Después del Evangelio, los candidatos para la Confirmación son presentados al obispo. En seguida, el obispo dirige una monición con estas palabras o con otras semejantes:

***En el día de Pentecostés** los Apóstoles recibieron el Espíritu Santo como el Señor lo había prometido. También recibieron el poder de dar el Espíritu Santo a otros y de completar de este modo la obra del Bautismo. Esto lo leemos en los Hechos de los Apóstoles. Cuando san Pablo impuso sus manos en aquellos que eran bautizados, el Espíritu Santo descendía sobre ellos y comenzaban a hablar otras lenguas y palabras proféticas.*

***Los obispos son sucesores de los Apóstoles** y tienen el poder de conferir el Espíritu Santo a los bautizados, ya sea personalmente o por medio de los sacerdotes asignados.*

En nuestros días, la venida del Espíritu Santo durante la Confirmación ya no está acompañada por el don de lenguas; nosotros sabemos que el Espíritu viene por medio de la fe. El Espíritu llena nuestros corazones con el amor de Dios, nos une en una fe, pero en diversas vocaciones; y trabaja junto con nosotros para hacer de la Iglesia Una y Santa.

***El don del Espíritu Santo** que están por recibir será un signo espiritual, un sello para hacerse más semejantes a Cristo y un desafío para volverse miembros activos de su Iglesia. Al ser bautizado por Juan, Cristo mismo fue ungido por el Espíritu y enviado a su ministerio público.*

Ustedes ya fueron bautizados en Cristo y ahora recibirán el poder

puede realizarse después de la lectura acerca de la liturgia o después de la lectura de las páginas dos y tres.

Las instrucciones deben leerse cuidadosamente. En cierta forma, son una síntesis de aquello que los candidatos han aprendido en lecciones previas. Para mantener a los candidatos atentos, pida a diferentes personas que lean cada uno de los párrafos o lea usted mismo en voz alta los párrafos en cursiva. Los puntos a resaltar son:

- El sacramento de la Confirmación concluye la tarea del Bautismo.
- El don del Espíritu Santo es un signo espiritual y un sello que nos hace más como Cristo; pero este don es también un reto que exige una participación activa por parte del recién confirmado.
- Cristo da "una variedad de dones a su Iglesia y el Espíritu los distribuye entre los miembros del cuerpo de Cristo". Todos nosotros tenemos algo para contribuir con nuestra Iglesia, lo cual la edificará "en la unidad y el amor".

La siguiente sección, el sacramento de la Confirmación, deberá estudiarse con mucha atención. Este es el momento en que el sacramento es conferido a los candidatos. Lea la hermosa oración que el obispo recitará con sus brazos extendidos. Este es también un buen

ORACIÓN INICIAL

Después de encender la vela, lea con devoción Efesios 4:1-6. Este pasaje reflexiona acerca del poder del Espíritu Santo para unir al Pueblo de Dios en paz. Enfatice la tremenda importancia de la comunidad de creyentes, el Cuerpo Místico de Cristo.

PARA EL MAESTRO

LA CONFIRMACIÓN para adolescentes

RESUMEN, REPASO Y ALGUNOS PENSAMIENTOS FINALES

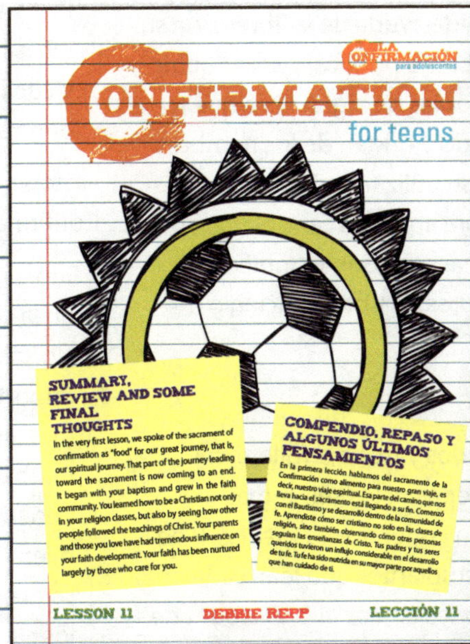
LA CONFIRMACIÓN para adolescentes

CONFIRMATION for teens

SUMMARY, REVIEW AND SOME FINAL THOUGHTS

In the very first lesson, we spoke of the sacrament of confirmation as "food" for our great journey, that is, our spiritual journey. That part of the journey leading toward the sacrament is now coming to an end. It began with your baptism and grew in the faith community. You learned how to be a Christian not only in your religion classes, but also by seeing how other people followed the teachings of Christ. Your parents and those you love have had tremendous influence on your faith development. Your faith has been nurtured largely by those who care for you.

COMPENDIO, REPASO Y ALGUNOS ÚLTIMOS PENSAMIENTOS

En la primera lección hablamos del sacramento de la Confirmación como alimento para nuestro gran viaje, es decir, nuestro viaje espiritual. Esa parte del camino que nos lleva hacia el sacramento está llegando a su fin. Comenzó con el Bautismo y se desarrolló dentro de la comunidad de fe. Aprendiste cómo ser cristiano no solo en las clases de religión, sino también observando cómo otras personas seguían las enseñanzas de Cristo. Tus padres y tus seres queridos tuvieron un influjo considerable en el desarrollo de tu fe. Tu fe ha sido nutrida en su mayor parte por aquellos que han cuidado de ti.

LESSON 11 DEBBIE REPP LECCIÓN 11

Como el título lo indica, esta lección es un resumen de los puntos más importantes que se han discutido en las lecciones previas. Hay seis temas que se repasarán brevemente: el crecimiento espiritual, visto como un proceso o viaje de toda la vida; los sacramentos de iniciación; la historia del sacramento de la Confirmación; la Confirmación, como un sacramento del Espíritu Santo; la Confirmación, como un sacramento de testimonio cristiano; y, finalmente, el rito de la Confirmación. Además, esta lección acentúa que la preparación para recibir el sacramento de la Confirmación incluye necesariamente un cambio en la responsabilidad del crecimiento espiritual personal de los padres de familia, de los catequistas y del individuo que está por recibir el sacramento. A cada uno de los candidatos se le pide que hagan una decisión consciente de involucrarse más de lleno en la vida de la Iglesia de Dios mediante la fuerza y poder del Espíritu Santo. Por último, esta lección asiste a cada uno de los candidatos para escribir una carta al obispo para pedir formalmente el sacramento de la Confirmación.

Objetivos

1. Hacer ver a cada uno de los candidatos que la responsabilidad del desarrollo de su fe está pasando de sus padres de familia y catequistas a él mismo.
2. Reafirmar que la decisión de recibir el sacramento de la Confirmación y, por ende, de involucrarse más en la vida de la Iglesia de Dios, es de cada uno de los candidatos.
3. Revisar seis de los principales temas que se discutieron en lecciones previas: crecimiento espiritual visto como un proceso o viaje de toda la vida, los sacramentos de iniciación, la historia del sacramento de la Confirmación, la Confirmación como un sacramento del Espíritu Santo, la Confirmación como un sacramento de testimonio cristiano y, finalmente, el rito de la Confirmación.
4. Brindar ayuda a los candidatos en la redacción de una carta dirigida a su obispo en la cual se pida formalmente la Confirmación.

Preparación personal

Con su Biblia en mano, encuentre un lugar y un momento tranquilos para prepararse, pues el Salmo que está a punto de leer está repleto de imágenes de la naturaleza. Sería ideal que encontrara un lugar al aire libre. En silencio, lea y reflexione en el Salmo 104, una canción magnifica de adoración a Dios creador cuyo Espíritu renueva la faz de la tierra. Un fragmento de este salmo servirá como oración inicial para esta lección.

Antes de impartir la lección, asegúrese de que los estudiantes trajeron consigo sus diarios espirituales para la actividad. Asimismo, pida ayuda de la librería de su escuela (o librería pública) para adquirir una o más copias de algún libro que trate del significado y origen de los nombres. Estos libros se utilizarán durante la actividad para aquellos candidatos que deseen buscar el origen y significado de sus nombres de Confirmación o de Bautismo.

Para comenzar

Las páginas dos y tres del folleto del estudiante repasan los seis temas discutidos en las lecciones previas. Pida a algunos estudiantes que lean cada una de las secciones en voz alta. Después de leer cada sección, resalte los siguientes puntos. También dé tiempo para que realicen preguntas o comentarios.

El crecimiento espiritual es un viaje de toda la vida

- Durante nuestra vida terrena nunca alcanzaremos la perfección. En efecto, habrá momentos en los que avancemos en la dirección incorrecta o demos un paso atrás. Somos seres humanos y cometemos errores. Lo que importa es que luchemos continuamente por caminar tras las huellas de nuestro Señor Jesús. Si hacemos esto, nuestro crecimiento espiritual hacia la madurez cristiana no se verá interrumpido. El viaje implica toda una vida.

Los sacramentos de iniciación

- Históricamente el sacramento de la Confirmación siempre ha sido parte de los tres sacramentos de iniciación. Por medio de los tres sacramentos de iniciación: Bautismo, Confirmación y Eucaristía, nos iniciamos de lleno dentro de la vida de la Iglesia.

Historia del sacramento de la Confirmación

- Subraya la importancia de participar en la celebración de la Vigilia Pascual. No solo es la celebración litúrgica más importante de la Iglesia y el punto más alto del año litúrgico, sino que también, para aquellas parroquias que tienen la fortuna de recibir nuevos miembros, se asemeja mucho a como se experimentaba el hecho de cuando los catecúmenos eran introducidos en la Iglesia primitiva.

Recibe por esta señal el don del Espíritu Santo

- Los dones del Espíritu Santo se manifiestan de modo diverso en cada individuo. La Confirmación nos fortalece para usar estos dones y talentos que Dios nos ha dado al momento de crearnos, para edificar el Reino de Dios en la Tierra. El influjo del Espíritu Santo permanecerá dormido si no ponemos nuestro propio esfuerzo, determinación y compromiso.

Sin embargo, ahora, la responsabilidad del desarrollo de tu fe ha cambiado. La decisión de recibir el sacramento de la Confirmación es tuya. La aceptación del sacramento de la Confirmación es una proclamación personal y pública, por la cual tú eliges seguir las huellas de Jesucristo. Este es el momento en tu vida espiritual donde tú decides vivir la misión de Cristo y participar más activamente en la vida de la Iglesia.

En las diez lecciones pasadas se examinó el sacramento de la Confirmación. Revisemos las ideas y los elementos que has explorado durante de este periodo de preparación.

EL CRECIMIENTO ESPIRITUAL ES UN VIAJE DE TODA LA VIDA

Tú estás recorriendo un camino espiritual que inició con tu Bautismo y se dirige hacia la integridad y unión con Dios. Sin embargo, no se trata de un viaje fácil. Este es un viaje que pasa por tiempos difíciles y momentos de desafío. No perderás la esperanza en los tiempos adversos, porque eres consciente de los grandes aliados que tienes para ayudarte en el seguimiento de Jesús; en especial la comunidad de fe, la ayuda de Nuestro Señor mismo y los sacramentos de la Iglesia. No notarás un cambio drástico después de tu Confirmación. Sin embargo, por medio de la gracia de Dios, del poder del Espíritu Santo y por medio de tu propio compromiso, **serás confirmado en tu fe**. Recuerda siempre que una fe cristiana madura requiere un viaje de toda la vida.

LOS SACRAMENTOS DE INICIACIÓN

Los cristianos son incorporados en Cristo por medio de los sacramentos de iniciación: el Bautismo, la Confirmación y la Eucaristía.

En la Iglesia primitiva, cuando una persona deseaba participar de modo pleno dentro de la comunidad cristiana, él o ella tenían que recorrer un periodo relativamente largo de estudio y preparación llamado catecumenado. Después de este periodo de preparación, el catecúmeno recibía el Bautismo, la Confirmación y la Eucaristía. Todo esto en una única y magnífica celebración que tenía lugar durante la Pascua.

Hoy en día, la Confirmación también resalta el sí personal del creyente a Jesús por medio del compromiso genuino de involucrarse en la vida de la Iglesia.

HISTORIA DEL SACRAMENTO DE LA CONFIRMACIÓN

El sacramento de la Confirmación ha cambiado a través de los siglos, e incluso ahora, se está haciendo un esfuerzo por definir de modo más claro **su significado y propósito**. Tú ya has estudiado algunos de estos cambios.

Los cristianos, mujeres y hombres de servicio

- Estar totalmente inmersos en la vida de la Iglesia significa que debemos ocuparnos unos de otros. Cuando Jesús lavó los pies a sus discípulos, dejó bastante claro que el servicio a los demás no era algo opcional a la hora de seguirlo. Una vida de servicio a los demás y, con mucha frecuencia todo lo que representa sacrificio, con el tiempo llena el corazón de alegría y plenitud. Es muy común que cuando nos entregamos a servir a los demás, encontramos a Dios.

El rito de la Confirmación

- Este es un buen momento para explicar, una vez más, por qué muchas parroquias hacen la petición a sus obispos, como representantes de una porción más extensa de la Iglesia y del Pueblo de Dios, confirmar a sus candidatos. Reflexionar sobre la importancia del obispo ayudará a los candidatos a entender por qué cada uno debe escribir una carta en la que indiquen formalmente que desean recibir la Confirmación.

Actividad

Los candidatos deben elegir entre uno de estos dos ejercicios:

ORACIÓN INICIAL

Después de encender la vela, lea con devoción y en voz alta el Salmo 104:1-4, 27-30. Puede leer más versículos si así lo desea y el tiempo se lo permite. Este antiguo cántico glorifica el poder creador de Dios y el poder renovador del Espíritu.

LA CONFIRMACIÓN para adolescentes

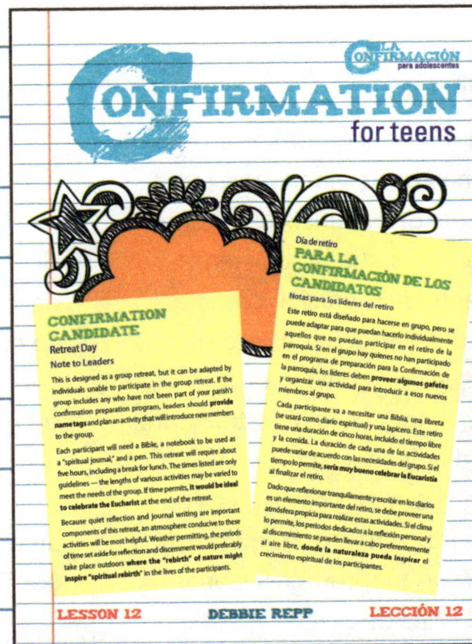

DÍA DE RETIRO PARA LOS CANDIDATOS A LA CONFIRMACIÓN

Esta lección está pensada para proveer a los candidatos de tiempo suficiente para una reflexión serena, para un estudio personal y para un discernimiento. Aunque esté destinado para darse como retiro a todo el grupo, puede adaptarse para aquellos que no puedan participar en el retiro. La estructura del retiro alterna momentos de oración, grupos de discusión, reflexión individual y tiempos para escribir en el diario espiritual. Lo ideal es que para el fin del día los participantes conozcan bien sus disposiciones para recibir el sacramento de la Confirmación.

Es muy importante que haya una atmósfera propicia para la oración, la discusión, la reflexión y la redacción. De ser posible, saque a los candidatos del ambiente de la escuela. Un ambiente nuevo, con muchos espacios al aire libre para caminar y meditar sería lo mejor (quizá alguno de los candidatos tenga alguna propiedad en el campo o cerca haya algún parque que ofrezca cabañas para reuniones de grupos).

El folleto para el estudiante parecerá algo redundante, en especial cuando explique el uso del diario espiritual. Esto se hace para que puedan aprovechar aquellos que no han participado en las anteriores once lecciones. Los candidatos que han formado parte del programa de preparación para la Confirmación de adolescentes, ya estarán bastante familiarizados con el uso y propósito del diario espiritual y, por lo tanto, no necesitarán de mucha explicación. Haz lo posible para que el día pueda concluir con la Misa. Esto alargará una hora el día, más o menos, pero no debería haber dificultad para completar el retiro durante un día normal de clases, incluida la celebración de la Eucaristía. Las preparaciones para la Misa se deben realizar con antelación.

Preparación personal

El mejor modo de prepararse para este día es leer cuidadosamente y familiarizarse con el formato del retiro.

Presento una lista de los materiales que se necesitan para el día:

1. Pida a cada uno de los candidatos que traiga consigo una Biblia y su diario espiritual (incluido un lapicero). Aquellos participantes que no tengan todavía un diario espiritual, deben traer una libreta que no hayan usado.
2. Asegúrese de traer su propia Biblia.

3. Traiga al salón de clases la vela, que es símbolo de la presencia de Cristo. No olvide los cerillos.
4. Si es posible, traiga los pósteres y pancartas que los candidatos elaboraron durante la lección nueve: signos y símbolos del sacramento de la Confirmación, y utilícelos para mejorar el ambiente del retiro.
5. Traiga papel y lapiceros extras. Sin duda alguna, alguien olvidará su diario o libreta.
6. Traiga un reproductor de cassettes o CD (con baterías, si no hay una toma de corriente disponible), junto con las grabaciones que se sugieren en el segmento de la oración cantada del folleto del estudiante. Esto en caso de que no se disponga de alguien que toque algún instrumento y pueda dirigir adecuadamente al grupo en el canto. Si hay alguien que toque un instrumento, asegúrese de que tenga las partituras necesarias. Aunque la lista de canciones sea una mera sugerencia, trate de mantener en mente el mismo criterio cuando escoja las canciones.
7. Se le recomienda que traiga consigo música que invite a la meditación, especialmente si el mal clima los obliga a pasar la mayor parte del tiempo bajo techo. Existen muchas grabaciones que mezclan música instrumental y sonidos de la naturaleza. Se recomiendan las siguientes grabaciones instrumentales:
    a. Instruments of Peace, by Marty Haugen (1991, GIA Publications, Inc.)
    b. Coming Home, by Jeanne Cotter/Richard Cotter (1992, GIA Publications, Inc.)
    c. After the Rain, by Jeanne Cotter (1989, GIA Publications, Inc.)
8. Haga planes para una comida sencilla. Se sugiere que cada candidato traiga consigo su propia comida. Los organizadores del retiro pueden ofrecer bebidas y una merienda, por ejemplo, galletas.
9. Si los participantes en el retiro no se conocen entre sí, hay que dar a los candidatos un gafete con sus nombres. En la mayoría de los casos esto no será necesario.
10. Si el retiro se realiza en un área grande, es necesario que se consiga una campana o algún otro instrumento para llamar a los candidatos de regreso a las reuniones. Gritarles no ayudaría para nada al ambiente de recogimiento.
11. Si le gusta la fotografía, tome fotos de los participantes en particular y en grupo. Más tarde puede mandar imprimir estas fotos. Estas podrían ser muy buen complemento para los diarios espirituales de los candidatos e incluso podrían mostrarse durante la recepción del día de la Confirmación.
12. Distribuya un número adecuado de folletos de la lección doce a todos los participantes.

Para comenzar

Haga todo lo posible para comenzar pronto, de modo que el retiro pueda desarrollarse dentro de los límites de tiempo necesarios (el horario que se encuentra en el folleto del estudiante, es solo una guía para dar una idea del tiempo que debería durar cada periodo; necesitará ser flexible).

Cuando todo esté listo para comenzar, reúna al grupo en un lugar confortable y de preferencia al aire libre. Pida a todo el grupo que se siente en un círculo. Use este mismo lugar de reunión para todas las actividades relacionadas con el grupo. Si tienen las pancartas y pósteres, este es un buen lugar para exhibirlos, incluso si es necesario amarrarlos a los árboles. Coloque la vela en medio del círculo de los participantes, pero no la encienda hasta el momento previo a la oración inicial.

INTRODUCCIÓN AL RETIRO

8:30 a.m.

A esta altura, ya has dedicado tiempo suficiente al aprendizaje acerca del sacramento de la Confirmación. Has aprendido que este sacramento no te transformará por arte de magia en un mejor cristiano. Antes bien, por medio del poder del Espíritu Santo y tu compromiso de fe renovada, la Confirmación marca el inicio donde tú eliges involucrarte más en la vida de la Iglesia. Tu viaje de la fe da un paso adelante, dado que la responsabilidad para el desarrollo de tu fe pasa de tus padres o tutores a ti.

Antes que nada, el fin de este retiro es proporcionarte tiempo, tiempo para reflexionar seriamente, para discernir y para tomar decisiones. Este es el tiempo de hacerte las siguientes preguntas:

1. Siendo completamente honesto, ¿estoy preparado espiritualmente para recibir el sacramento de la Confirmación?
2. De ser así, ¿de qué modo puedo involucrarme en la vida de la Iglesia, logrando al mismo tiempo, que esto vaya de acuerdo con mi personalidad, mis intereses y con los dones que he recibido de Dios?

Recuerda que Dios te ha hecho la persona maravillosa que eres. No se espera de ti que seas perfecto. Tú estás luchando por alcanzar una fe más madura y profunda, pero la verdadera madurez cristiana es un viaje que requiere toda una vida. En otras palabras, no te sientas desanimado porque no tienes todas las respuestas a tus interrogantes. La primera parte de este retiro se centra en quién eres en este preciso momento. La segunda parte trata de ayudarte a encontrar el camino para servir a la Iglesia, basándose en lo que tú eres.

PRIMERA PARTE

8:40 a.m.

Todo el grupo debe reunirse en un lugar que sea propicio para la oración, de preferencia al aire libre. Cada participante debe tener la Biblia y una libreta con su pluma.

Oración inicial: Señor, al continuar con nuestra preparación para recibir el sacramento de la Confirmación, abre nuestros corazones y nuestras mentes a tu presencia. Nos reunimos el día de hoy aquí para tener un tiempo de tranquilidad, para reflexionar, para orar y para conocernos a nosotros mismos. Enséñanos a vernos a nosotros mismos a través de tus ojos amorosos y que todo lo saben, a fin de poder conocernos y así poder llegar a ser más conscientes de la profunda bondad que poseemos. Amén.

Lectura de la Escritura: el pasaje de Lc 2:41-52 puede leerse en voz alta por parte de uno o dos de los participantes.

Él les contestó: "¿Y por qué me buscaban? ¿No saben que yo debo estar donde mi Padre?" Pero ellos no comprendieron esta respuesta (Lc 2:49-50).

Oración cantada: Tanto los líderes del retiro como los participantes, deben entonar un canto o himno en el que se pida luz y discernimiento a Dios. Si no hay instrumentos disponibles para acompañar el canto, se

puede utilizar una graba
Shepherd Me, O God, Mar
Publications, Inc.
I Lift Up My Soul, Tim Man
Dawn Music.
El Señor es mi luz y mi sal
canto 725)
Gusten y vean qué buen
(Flor y canto 177)

DISCUSIÓ
REFLEXIÓ

9:00 a.m.

Grupo: En esta lectura no
de que Jesús también fue
Como todos nosotros, Él t
descubrir quién era. Come
lectura. ¿En qué modo te
con Jesús joven, quien luc
su independencia y realiz

¿Entiendes los sentimiento
preocupación de José y M
finalmente encontraron a

La adolescencia es un tiem
descubrimientos sobre un
de las etapas más importa
una persona, dado que el
uno mismo es esencial si u
decisiones y compromisos
de decidir lo que uno quie
es indispensable saber lo q
para ofrecer.

Individualmente: En los s
minutos, da un paseo al air

Una vez que el grupo se ha acomodado, el líder del retiro debe leer en voz alta Introducción al retiro que viene en la página dos de la hoja del estudiante.

Encienda la vela y prosiga con la sección uno. Subraye que esta parte del retiro invita a cada uno de los candidatos a centrarse en quién es él o ella en este momento, hoy mismo. De preferencia uno de los líderes del retiro debe leer la oración inicial. Se debe animar a algunos candidatos a proclamar las lecturas de la Escritura. Proceda con la primera parte, como lo indica el folleto del estudiante.

Haga su mejor esfuerzo para facilitar la discusión del grupo y diríjala para responder las preguntas que surjan de la guía del estudiante. Fije la atención en la idea de que la adolescencia es un tiempo para el descubrimiento de uno mismo. Esto fue lo mismo para Jesús. Podría comenzar la discusión pidiendo a los candidatos que se imaginen a nuestro Señor Jesús como un adolescente (un poco de humor ayudaría a romper el hielo).

Antes de mandar a los candidatos a su reflexión individual, recalque la necesidad del silencio y de la soledad. Los candidatos deben caminar solos y evitar hablar unos con otros durante este tiempo (si es necesario mencione

los límites, no le gustaría tener a nadie caminando muy lejos o saliéndose de la propiedad). Todos deben permanecer a la vista y con la posibilidad de escuchar a los líderes del retiro. Si va a usar alguna campana para reunir al grupo, hágales saber esto. Se recomienda que usted lea junto con los candidatos todas las directrices escritas en el folleto del estudiante antes de enviarlos a sus caminatas. Pida a los candidatos que dejen sus diarios en un lugar seguro y privado, cerca del área de reunión.

Explique que habrá un tiempo amplio para escribir en sus diarios. Este tiempo se debe emplear en la observación cuidadosa de la naturaleza y en pensamientos reflexivos. Una vez que los candidatos se alejen, apague la vela.

Si hay mal clima, aprovéchelo del mejor modo posible. Las grabaciones de sonidos de la naturaleza pueden ser de gran ayuda para que los candidatos se imaginen que están al aire libre. Podría ver también la necesidad de reducir la cantidad de tiempo destinada a cada parte. Incluso reducirla considerablemente.

Utilice el tiempo libre para recuperar este tiempo. En otras palabras, reduzca los tiempos libres cuando se retrase el horario o alárguelos en caso de que vaya adelantado en el horario. Dé al grupo varios minutos para ir al baño, dado que se le ha pedido a los candidatos que trabajen en silencio por un periodo prolongado de tiempo. En otras palabras, asegúrese de que el tiempo libre sea tiempo libre.

Si desea prolongar el tiempo libre más allá de los quince minutos sugeridos, debería intentar realizar un juego que sea conocido y simple. Utilizando solo un papel y una pluma se puede jugar ahorcado con palabras relacionadas con la fe católica y la Confirmación en particular. Estas son algunas de las posibilidades:

- Catequesis
- Catecúmeno
- Ungido
- Paráclito
- Pentecostés
- Padrino
- Catecumenado
- Iniciación
- Consagración
- Sacerdocio
- Santo crisma
- Reverencia

Después de juntar a todos en círculo en el área de reunión, recuérdeles que si la primera reunión se enfoco en cómo son ellos, en la segunda sesión se les pedirá que examinen el mejor modo en que pueden servir a la Iglesia, basándose en cómo son ellos.

Antes de leer la oración de la reunión (página tres del folleto del estudiante), encienda la vela y asegúrese de colocarla en medio del círculo. Siga el mismo procedimiento de la primera parte, un líder del retiro debe leer la Oración para la reunión y uno o dos candidatos deben leer la lectura de la Escritura. La mayoría de los participantes estarán familiarizados con este pasaje del Evangelio de san Juan, dado que se utilizó como Oración para la reunión en la Lección ocho: La Confirmación, un sacramento de testimonio cristiano. La mayoría de los participantes habrán ocupado algún tiempo para pensar acerca de muchas de las preguntas que surgieron en el grupo de discusión que sigue de esta lectura.

La lección ocho pide, en primer lugar, a los candidatos considerar las posibilidades del testimonio cristiano. Este retiro los lleva un paso adelante al pedir a los candidatos que elijan una o dos ideas realistas y posibles de servicio, basándose en los talentos, dones e intereses de cada individuo. Durante la actividad conclusiva del retiro se les pedirá a los candidatos que pongan estas ideas por escrito. Si bien, no están haciendo todavía un compromiso para servir de un modo particular, deberían al menos estar dispuestos a involucrarse cada vez más en la vida de sus parroquias o en la vida de su comunidad.

Asegúrese de que los párrafos se lean en voz alta con los participantes, tanto en grupo como individualmente. Fomente la discusión y las ideas creativas. Mantenga simples y realistas las ideas de los candidatos. Hable acerca de lo que está en juego, en términos de tiempo y compromiso, a medida que los candidatos sugieren diferentes ideas. Antes de despedir al grupo para su tiempo libre (al aire libre si es posible), aclare cualquier pregunta acerca del modo en cómo debe usarse este tiempo. Brevemente recuérdeles las reglas y los límites.

Los candidatos deben escribir en sus diarios espirituales después de un amplio tiempo de silenciosa quietud, oración y reflexión. Una vez que hayan completado sus diarios, llame a cada uno a la zona de reunión para la comida.

Para la sección tres proceda del mismo modo en que se procedió en la sección uno y dos. Acuérdese de encender la vela antes de leer la oración de reunión. La sección tres es más corta que las dos anteriores y debe ocupar solo cuarenta y cinco minutos. Esta va directamente de la lectura de la Escritura a la actividad conclusiva (no hay discusión de grupo o tiempo personal de reflexión).

La actividad conclusiva requerirá mucha atención, se debe animar a los participantes a trabajar en silencio. Las directrices en el folleto del estudiante piden que los participantes escriban sus respuestas en hojas sueltas, en lugar de escribirlas en sus diarios. Esto para que las respuestas sean ofrecidas durante la preparación de los dones, en caso de que se vaya a celebrar la Liturgia Eucarística. Aquellos candidatos que no deseen compartir sus respuestas, pueden escribirlas en sus diarios. Si no se va a celebrar la Misa después de la conclusión del retiro, todos los participantes deben escribir sus respuestas en sus diarios.

Asegúrese de leer las tres preguntas (de la página cuatro del folleto del estudiante) con los candidatos y aclare cualquier pregunta antes de que comiencen a escribir. Recalque la importancia del silencio.

Después de que todos han terminado de escribir, reúna aquellas hojas que serán ofrecidas durante la Misa. Es recomendable hacer la Oración final, aunque no siga la Misa, como modo para concluir el retiro.

en tu comunidad. Sé realista. Considera tu edad, tu disponibilidad de transporte, compromisos ya adquiridos, etc. Trata de sugerir algunas formas realistas y efectivas de cómo un joven puede servir a los demás y, en consecuencia, involucrarse más en la vida de la Iglesia.

Individualmente: Una vez más, tómate tu tiempo para caminar afuera solo. Dedica tiempo para relajarte y para meditar en todo aquello que has discutido durante las primeras dos sesiones. En la primera parte, trataste de describirte a ti mismo, tus talentos, tus intereses y tus carencias. Con tus propios intereses y talentos en mente, piensa en una o dos formas de servir a los demás. Piensa de modo simple y realista. No pienses en grande, pues te arriesgas a abrumarte de trabajo. Si eres una persona tímida, es bueno que consideres trabajar con una sola persona o con grupos pequeños, quizá niños. Si te sientes bien estando con grupos grandes, piensa en desarrollar tus habilidades como lector, músico dentro de la iglesia o miembro del coro. Cuando escojas cómo vivir tu fe, asegúrate de sentirte cómodo con aquello que realizas. El servicio a los demás es y debería ser una experiencia positiva y alegre.

DIARIO ESPIRITUAL

11:30 a.m.

Como en la primera sesión, ocupa la siguiente media hora anotando tus pensamientos acerca de las ideas vistas en la parte de discusión y reflexión. Recuerda que el diario es una herramienta para el descubrimiento personal. Siéntete en libertad con tus ideas.

COMIDA

12:00 p.m.

TERCERA PARTE

12:45 p.m.

Después de la comida, los participantes y líderes del retiro pueden reunirse una vez más en un lugar apropiado para la oración. Cada persona debe tener una Biblia y un lapicero. Este folleto se empleará como material para escribir el trabajo de esta última sesión. Debe haber disponible algo de papel extra para todos los participantes.

Oración para la reunión: Señor, hemos empleado las últimas horas examinándonos a nosotros mismos. Hemos intentado reconocer nuestros talentos y dones únicos. Al mismo tiempo hemos intentado buscar caminos que nos permitan compartir estos dones para servir a los demás. Después de hacer nuestro mejor esfuerzo para conocernos a nosotros mismos, te pedimos tu ayuda una vez más. Te pedimos que nos asistas en la preparación de nuestros corazones y nuestras mentes para recibir el sacramento de la Confirmación. Ayúdanos a sentirnos cómodos y con espíritu positivo acerca del ofrecimiento que nos haces de tu gracia por medio de este sacramento. Que tu Espíritu Santo descienda sobre nosotros. Que nos llene con un ardiente deseo de ser miembros activos en la obra de tu Iglesia y en la edificación de tu Reino aquí en la Tierra. Amén.

Lectura de la Escritura: 1 Cor 12:1-31, se trata de un pasaje extenso que dos o más participantes deberán leer en voz alta.

> *"La manifestación del Espíritu que a cada uno se le da es para provecho común"* 1 Cor 12:7.

Oración cantada: en este momento debe entonarse una canción que celebre el poder del Espíritu Santo. Las canciones que se sugieren son estas:
Send Us Your Spirit, David Haas, G.I.A. Publications, Inc.
Spirit, Come, Gregory Norbet, OCP Publications
Eye Has Not Seen, Marty Haugen, G.I.A. Publications, Inc.
Envía, Señor, tu Espíritu (Flor y canto 380)
Envía tu Espíritu (Flor y canto 217)

ACTIVIDAD CONCLUSIVA

1:00 p.m.

Usa los minutos siguientes para responder cuidadosamente a las siguientes preguntas. Aquí no existen respuestas correctas o incorrectas. Escribe tus respuestas en una hoja aparte. Si estás de acuerdo en compartir tus respuestas con los demás, puedes ofrecer las hojas durante la preparación de los dones en la Celebración Eucarística que se tendrá al final del retiro. Si prefieres mantener tus respuestas confidenciales, siéntete libre de hacerlo así.

1. **¿Sientes que tienes una comprensión adecuada** de lo que es el sacramento de la Confirmación? Si tienes todavía preguntas que necesitan alguna respuesta, escríbelas para que puedan ser atendidas después.
2. **A esta altura de tu preparación para el sacramento** de la Confirmación, ¿sientes que tienes los fundamentos suficientes para recibir el sacramento? Si tienes serias dudas acerca de tu fe y de tu disposición espiritual, que no te dé pena recurrir a alguien que pueda ayudarte. Los líderes del retiro pueden ponerte en contacto con un sacerdote o catequista que pueda ayudarte a resolver las cosas. Sin embargo, no olvides que todos experimentamos la duda en algún momento. A la mayoría nos toma toda una vida formar una fe cristiana madura e, incluso al lograrla, seguiremos aún sin ser perfectos. Todavía experimentaremos dudas de vez en cuando.
3. **Durante este retiro, has dedicado tiempo** para examinarte a ti mismo. Has hecho lo mejor de tu parte para evaluar tus propias fuerzas y debilidades, lo que te gusta y aquello que te disgusta, y también tus talentos y dones. Con este conocimiento en mente, ¿cómo podrías servir del mejor modo posible a la Iglesia y participar más en su vida? Estas respuestas no son, de ningún modo, compromisos. Son, más bien, posibilidades y directrices realistas.

Cuando hayas terminado tus respuestas, permanece en silencio hasta que todos hayan terminado.

Oración final: En este momento se pide que los participantes y líderes del retiro hagan una oración espontánea, en la que adoren y den gracias a Dios por este día, y pidan al Espíritu Santo que sea su guía y fortaleza.

FINAL

1:30 p.m.

3

LIBROS LIGUORI™

Basado en el texto original escrito por Michael Ketterhagen. Un agradecimiento especial a los padres Paul Niemann y Joe Kempf. Editado por Marco Batta. Diseño de Maggie Bubenik.

Publicado con aprobación eclesiástica. Textos tomados del Ritual para la Confirmación, Editorial Buena Prensa 1999. Impreso en Estados Unidos.

mada sea lo suficientemente
para tomar esta decisión. Por
uchas diócesis se confirma a los
durante su adolescencia.

CIBE POR
A SEÑAL
DON DEL
ÍRITU SANTO"

iento de la Confirmación es la
ión de tu unción, de la misión
píritu Santo te da de amar como
ó. Tú eres marcado con el don
itu Santo.

u se expresa de diversas
y por medio de diversas
. Sin embargo, cada cristiano
do con el mismo Espíritu
ió a Jesús para su ministerio.
u fortalece y robustece a
o con el don de sabiduría,

inteligencia, fortaleza, ciencia, piedad y temor de Dios; atributos que también caracterizaron la vida de Jesús.

Dado que ustedes poseen el aliento de vida, que es la vida divina dentro de ustedes y porque ustedes recibirán los dones del Espíritu en la Confirmación, su vida diaria tiene oportunidad de florecer y dar frutos, los frutos del Espíritu Santo que son: amor, alegría, paz, paciencia, longanimidad, bondad, benignidad, mansedumbre, fe, modestia, continencia y castidad.

LOS CRISTIANOS, HOMBRES Y MUJERES DE SERVICIO

La Confirmación es la parte activa del proceso de iniciación. Este es un sacramento que no solo te pide creer en Jesucristo, sino que también te pide vivir su vida día a día. Vivir la vida de Jesús significa vivir una vida de servicio. El servicio significa, a su vez, dar una respuesta a las necesidades de los demás: en tu propia casa, en tu comunidad parroquial, en tu propia ciudad o población, en tu país e incluso en el mundo. Este compromiso de preocuparte por los demás es una parte esencial del sacramento de la Confirmación.

EL RITO DE LA CONFIRMACIÓN

El ritual del sacramento está repleto de signos de la presencia del amor, de la presencia de Cristo. Tú ya estudiaste los símbolos básicos que rodean el desarrollo del rito de la celebración: la comunidad cristiana reunida, el obispo, la Palabra de Dios, las oraciones, la imposición de las manos, la unción con el óleo, la Eucaristía, los padrinos y tú. Todos estos signos y símbolos importantes **nos ayudan a celebrar eficazmente el rito** solemne de este sacramento.

2

NOTAS

A. Investigar el origen y el significado del propio nombre para la Confirmación o, por el contrario, el nombre de Bautismo.

Usando el recurso que provee el catequista (que implicaría ir simplemente a la biblioteca de la escuela), los candidatos deben localizar su o sus nombres y escribir la información que encuentren acerca de ellos, en sus diarios espirituales. Si alguno de los candidatos ha elegido un nombre de Confirmación diverso a su nombre de Bautismo, pregunte al candidato el porqué de esa elección.

B. Escribir una carta a su padrino

Usando una de la hojas de su diario como borrador, los candidatos que escojan realizar esta tarea, deben escribir una carta a su padrino en la que se describa el viaje espiritual que han recorrido durante estas semanas de preparación para recibir el sacramento de la Confirmación. Intenten incluir las razones por la cuales fue elegido el padrino. En otras palabras, de qué modo el padrino ha sido una fuente de fortaleza y un guía espiritual. Anime a los candidatos a escribir esta carta en un papel presentable y a mandarla a sus padrinos.

Los borradores de las cartas al obispo deben escribirse en los diarios espirituales para que los candidatos tengan una constancia propia. Las directrices que se dan a los candidatos en los folletos del estudiante son muy claras y no deberían requerir demasiadas explicaciones. Enfatice que el ejemplo de carta que se presenta en el folleto es solo un modelo. Indique a los candidatos que no se debe copiar esta carta. Sin embargo, sus cartas deben contener los puntos básicos de la carta modelo, a saber:

1. Expresar el deseo personal de recibir el sacramento de la Confirmación.
2. Indicar por qué se quieren confirmar.
3. Mostrar cómo ha sido la preparación para recibir el sacramento.
4. Hacer una lista de los modos como cada uno tiene intención de servir a sus hermanos y hermanas.
5. Expresar su gratitud.

Antes de enviar las cartas de los candidatos al obispo, asegúrese de ayudar a los candidatos en la redacción final. Los estudiantes ocuparán varios días para realizar esta tarea, no obstante, deles una fecha límite para entregar sus cartas, con el fin de que sean enviadas a tiempo.

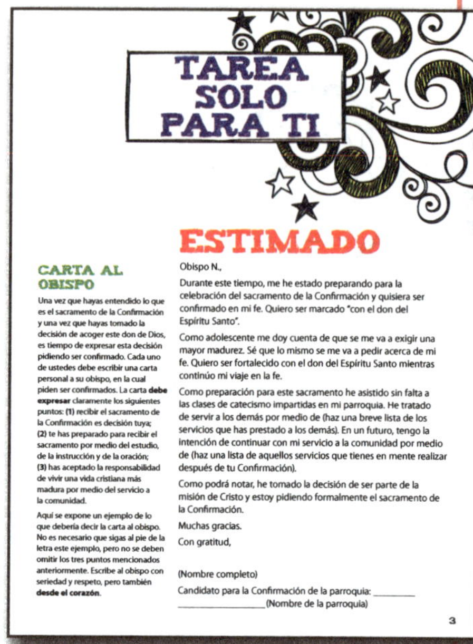

TAREA SOLO PARA TI

ESTIMADO

CARTA AL OBISPO

Una vez que hayas entendido lo que es el sacramento de la Confirmación y una vez que hayas tomado la decisión de acoger este don de Dios, es tiempo de expresar esta decisión pidiendo ser confirmado. Cada uno de ustedes debe escribir una carta personal a su obispo, en la cual piden ser confirmados. La carta **debe expresar** claramente los siguientes puntos: **(1)** recibir el sacramento de la Confirmación es decisión tuya; **(2)** te has preparado para recibir el sacramento por medio del estudio, de la instrucción y de la oración; **(3)** has aceptado la responsabilidad de vivir una vida cristiana más madura por medio del servicio a la comunidad.

Aquí se expone un ejemplo de lo que debería decir la carta al obispo. No es necesario que sigas al pie de la letra este ejemplo, pero no se deben omitir los tres puntos mencionados anteriormente. Escribe al obispo con seriedad y respeto, pero también **desde el corazón**.

Obispo N.,

Durante este tiempo, me he estado preparando para la celebración del sacramento de la Confirmación y quisiera ser confirmado en mi fe. Quiero ser marcado "con el don del Espíritu Santo".

Como adolescente me doy cuenta de que se me va a exigir una mayor madurez. Sé que lo mismo se me va a pedir acerca de mi fe. Quiero ser fortalecido con el don del Espíritu Santo mientras continúo mi viaje en la fe.

Como preparación para este sacramento he asistido sin falta a las clases de catecismo impartidas en mi parroquia. He tratado de servir a los demás por medio de (haz una breve lista de los servicios que has prestado a los demás). En un futuro, tengo la intención de continuar con mi servicio a la comunidad por medio de (haz una lista de aquellos servicios que tienes en mente realizar después de tu Confirmación).

Como podrá notar, he tomado la decisión de ser parte de la misión de Cristo y estoy pidiendo formalmente el sacramento de la Confirmación.

Muchas gracias.

Con gratitud,

(Nombre completo)

Candidato para la Confirmación de la parroquia: ________
________________(Nombre de la parroquia)

3

ORACIÓN FINAL

Lea en voz alta a la clase antes de que la despida:

Señor, nuestro tiempo de preparación está llegando a su fin. Hemos recorrido un largo camino en nuestra comprensión de este maravilloso sacramento de la Confirmación que estamos a punto de recibir. Al momento de comenzar la recta final de nuestra preparación, pedimos al Espíritu Santo que nos dé una mente sana y un corazón abierto. Que estemos listos para crecer y cambiar. Que tengamos el coraje de vivir nuestra fe. Amén.

En silencio apague la vela.

LIBROS LIGUORI™

Basado en el texto original escrito por Michael Ketterhagen. Un agradecimiento especial a los padres Paul Niemann y Joe Kempf. Editado por Marco Batta. Diseño de Maggie Bubenik. Liguori, MO 63057-9999.

Publicado con aprobación eclesiástica. Textos tomados del Ritual para la Confirmación, Editorial Buena Prensa 1999. Impreso en Estados Unidos.

LA EUCARISTÍA

El mejor contexto para celebrar el sacramento de la Confirmación es el de la Liturgia Eucarística. Con la renovación de las promesas bautismales que preceden a la Confirmación y seguida de la Liturgia Eucarística, los tres sacramentos de iniciación forman una unidad.

ORACIÓN FINAL

Al final de la liturgia y antes de que todos se retiren en procesión ordenada, el obispo da una bendición solemne a la comunidad reunida. Esta bendición complementa el rito de la Confirmación:

Dios Padre todopoderoso, que los adoptó como hijos, haciéndolos renacer del agua y del Espíritu Santo, los bendiga y los haga siempre dignos de su amor.
Amén

El Hijo unigénito de Dios, que prometió que el Espíritu de verdad estaría siempre en la Iglesia, los bendiga y los fortalezca en la confesión de la fe verdadera.
Amén

El Espíritu Santo, que encendió en el corazón de los discípulos el fuego del amor, los bendiga y, congregándolos en la unidad, les conduzca a los gozos del Reino Eterno.
Amén

El obispo añade inmediatamente:

Y la bendición de Dios todopoderoso Padre, Hijo y Espíritu Santo descienda sobre ustedes.
Amén

2

momento para repasar el significado del crisma que será utilizado para ungir a cada uno de los candidatos en su frente. El Catecismo de la Iglesia Católica provee una buena explicación. "La unción con el santo crisma, óleo perfumado y consagrado por el obispo, significa el don del Espíritu Santo al nuevo bautizado. Ha llegado a ser un cristiano, es decir, "ungido" por el Espíritu Santo… En la liturgia romana, dicha unción anuncia una segunda unción del santo crisma que dará el obispo: el sacramento de la Confirmación que, por así decirlo, "confirma" y da plenitud a la unción bautismal" (CIC 1241-1242). Paul Turner, en La confirmación: el bebé en la corte de Salomón, describe el significado del crisma en términos bastante sencillos de entender: "El Crisma simboliza a Cristo y al Espíritu Santo. La palabra "Cristo" significa "el ungido", comparte el mismo origen de la palabra crisma. Ungir con el crisma significa participar en la misión de Jesucristo como Sacerdote, Profeta y Rey. De cualquier modo, como este óleo ha sido consagrado con la presencia del Espíritu Santo, también simboliza el don del Espíritu en aquellos que han sido confirmados" (pág. 10). Los catequistas deberían estudiar todo el capítulo primero del libro de Turner.

Si los candidatos tienen alguna pregunta después de haber leído la parte dedicada a la Eucaristía, el Catecismo es una excelente fuente (1322-1327). Dado que la Eucaristía es "fuente y culmen de toda la vida cristiana" (CIC 1324), es importante que los candidatos entiendan su importancia. Para muchos, han pasado demasiados años desde que se discutió acerca de este sacramento o se revisó su significado.

Concluya con la lectura del párrafo titulado: "Bendición final". Las palabras en cursiva que completan el rito de la Confirmación deben leerse con mucha atención.

Actividad: un repaso de la lectura

Con la ayuda del párroco o del director de educación religiosa, consiga los pasajes de la Escritura (incluyendo el salmo responsorial), que se leerán y cantarán durante la liturgia de la Confirmación. Antes de pedir a uno de los candidatos que haga la lectura, puede ver la forma de preparar el ambiente con algo de música instrumental o incluso bajando un poco la intensidad de las luces, para que la vela se convierta en un símbolo más prominente. Si el tiempo no permite terminar de repasar todas las lecturas o el salmo responsorial, asegúrese de completar la actividad en otro momento. Después de cada una de las lecturas, discutan el porqué de estas lecturas para la liturgia de la Confirmación.

NOTAS

Es ahora cuando los candidatos deben empezar a pensar seriamente el tema de los padrinos, en caso de que no los hayan escogido aún. También deben comenzar a pensar o incluso hacer una búsqueda de posibles nombres de Confirmación, si es que desean ponerse un nombre además del que ya tienen desde su Bautismo. Por último, los candidatos deben comenzar a revisar su disponibilidad para recibir el sacramento de la Confirmación. Estos tres puntos son tratados en este apartado de "Tarea en familia".

Antes de despedir al grupo, lea la página cuatro con los alumnos y responda cualquier duda que surja. Informe a los candidatos que la actividad asociada con la lección once (una lección de repaso), requiere escribir una carta a los posibles padrinos o escribir un párrafo breve acerca del significado de su nombre de Bautismo o del de la Confirmación. Por tanto, será de mucha utilidad que los candidatos tomen decisiones acerca de estos asuntos.

Si uno de los candidatos se muestra incapaz de elegir un padrino apropiado, anímele a que pida ayuda a un sacerdote, al director de educación religiosa o a un catequista competente. A aquellos estudiantes que decidan no tener un nombre de Confirmación se les debe animar a remitirse a sus nombres bautismales. Informe a los candidatos que habrá un día de retiro, lo cual permitirá discernir acerca de sus actitudes para recibir el sacramento.

No hay una tarea escrita para esta lección, pero la discusión de algunos temas con los padres de familia o los seres queridos es muy importante. Una tarea escrita relacionada con la discusión se realizará en la siguiente lección.

TAREA EN FAMILIA

Hay algunos puntos prácticos que tienes que considerar antes de recibir el sacramento de la Confirmación. Aunque, en última instancia, estas decisiones las tomas tú, sería de gran ayuda que hablaras de ello con tus padres o seres queridos.

TU PADRINO

Primero dediquemos un tiempo para aclarar el papel del padrino. Tu padrino debe ser una persona que camine junto a ti en tu viaje hacia la madurez cristiana. Esta persona debe conocerte y estar disponible para escuchar tus preocupaciones y preguntas acerca de tu fe y de la Iglesia. Uno de los que ya fueron padrinos de Bautismo y que ha estado involucrado en tu vida, sería el indicado para cumplir este papel. Un tío o tía sería también una opción apropiada, siempre y cuando viva cerca. Otra de las opciones podría ser un profesor, un catequista o un parroquiano a quien tú admires mucho, que veas seguido y con quien podrías tener **una relación duradera**.

Quien quiera que escojas, debe ser un padrino suficientemente maduro, que sea parte de la Iglesia Católica y que haya recibido los sacramentos del Bautismo, la Confirmación y la Eucaristía. Y lo que es más importante, tu padrino y tú deben ser entre sí algo más que simples conocidos. Tu padrino debe ser tu amigo espiritual.

TU NOMBRE DE CONFIRMACIÓN

Una de las prácticas tradicionales de la Iglesia en el momento de la Confirmación, es la de escoger un nombre que te hará recordar este sacramento. Tu reflexión en la oración te ayudará a escoger este nombre. Querrás quizá comprometerte de nuevo con tu nombre de Bautismo, en especial si has reflexionado acerca de su significado y has descubierto algunas personas que han compartido el mismo nombre a lo largo de la historia cristiana. **Quizá quieras escoger el nombre de algún santo** que representa el tipo de cristiano que tú quieres ser. De cualquier modo, si decides quedarte con tu nombre o elegir otro, toma tu tiempo para reflexionar en sus orígenes y su significado, pues la Escritura dice: "Yavé llama a cada uno por su nombre".

DISPONIBILIDAD PARA EL SACRAMENTO

La más importante de todas estas preocupaciones es tu disponibilidad personal para recibir el sacramento. La Confirmación no es algo mágico. Si deseas realmente lograr sumergirte en la vida de la Iglesia, necesitarás hacer honor a tu compromiso a través del trabajo y el esfuerzo. Hazte estas preguntas: ¿Estoy listo para comprometerme con la misión de Cristo? ¿Estoy listo para recibir la Confirmación? La disponibilidad no depende de los padres de familia, de los maestros o de los sacerdotes. La disponibilidad no se determina por la edad o el grado escolar. La disponibilidad de tus amigos no determina la tuya.

La disponibilidad para decir "sí, yo quiero comprometerme con Cristo y vivir una vida cristiana plena y comprometida", requiere **una decisión madura y honesta**. Si después de reflexionar en la oración y habiéndolo consultado con tus padres y el sacerdote, decides posponer tu decisión para ser confirmado, estás haciendo una decisión madura, honesta; y esta será respetada.

De cualquier modo recuerda que no se necesita ser un santo para estar listo para la Confirmación. No tienes que ser perfecto o tenerlo todo arreglado. La fe es un gran viaje, solo tienes que estar dispuesto a hacerla crecer y estar decidido a recorrer las huellas de Jesús.

3

ORACIÓN FINAL

Lea en voz alta y con devoción a la clase:

Señor, hemos dado inicio a las últimas clases de nuestra preparación para recibir el sacramento de la Confirmación. Te pedimos que envíes al Espíritu Santo para que nos guíe y nos fortalezca, de modo que podamos continuar nuestro viaje de fe. Te pedimos ayuda para elegir a nuestros padrinos y oramos para que estas personas, tan especiales para nosotros, permanezcan durante toda la vida como nuestros compañeros de vida espiritual. Ayúdanos a elegir nombres de Confirmación que nos lleven a honrarte y servirte o, si así lo queremos, ayúdanos a encontrar un nuevo significado y valor en los nombres que nos dieron nuestros padres. Por último, llénanos con la sabiduría y la responsabilidad necesarias para evaluar con honestidad nuestras disposiciones al recibir este sacramento bendito. A medida que luchamos para volvernos adultos maduros y llenos de amor, danos la fuerza para mirar hacia adentro, y al hacer esto, celebremos los dones que nos has dado y trabajemos con tesón para cambiar esas cosas que nos apartan de ti. Y, lo que es más importante, cuando dudemos de nosotros mismos y de nuestro valor, enséñanos a recordar cuánto nos amas sin excepción. Amén.

En silencio apague la vela y despida a los candidatos.

LIBROS LIGUORI™

Basado en el texto original escrito por Michael Ketterhagen. Un agradecimiento especial a los padres Paul Niemann y Joe Kempf. Editado por Marco Batta. Diseño de Maggie Bubenik. © Libros Liguori, Liguori, MO 63057-9999.

Publicado con aprobación eclesiástica. Textos tomados del Ritual para la Confirmación, Editorial Buena Prensa 1999. Impreso en Estados Unidos.

AMBLEA

IDAD ANA

LOS PADRINOS

LA PALABRA DE DIOS

SPO

LA ORACIÓN DE LA COMUNIDAD

DATOS LA RMACIÓN

LA IMPOSICIÓN DE LAS MANOS

LA UNCIÓN CON EL CRISMA

LA EUCARISTÍA

2

"una celebración sacramental está tejida de signos y símbolos" (CIC 1145). "En la vida humana, signos y símbolos ocupan un lugar importante. El hombre, siendo un ser, a la vez corporal y espiritual, expresa y percibe las realidades espirituales a través de signos y de símbolos materiales" (CIC 1446). "La luz y la noche, el viento y el fuego, el agua y la tierra, el árbol y los frutos hablan de Dios, simbolizan, a la vez, su grandeza y su proximidad" (CIC 1147). El Catecismo (1145-1152) habla directamente acerca del uso de los símbolos en nuestras celebraciones litúrgicas y contiene intuiciones inestimables, junto con información. Es sumamente recomendable su lectura.

Asigne a algunos de los candidatos la lectura de las explicaciones breves de los nueve símbolos que encontrarán durante la celebración del sacramento de la Confirmación. Estas descripciones son muy sencillas y fáciles de entender. Sin embargo, asegúrese de dar un tiempo para preguntas después de la lectura de cada una de las descripciones. Ponga singular atención a los símbolos y actos del ritual que son exclusivos para el sacramento de la Confirmación, a saber: el obispo, los candidatos, los padrinos, la imposición de manos y la unción con el santo crisma.

Actividad: signos y símbolos

Esta es una actividad artística que posiblemente se realizará fuera del salón de religión. Lo ideal sería que se explicara la tarea durante la clase, a fin de que se puedan responder las preguntas que surjan. De cualquier modo, la mayor parte de la tarea debe realizarse en casa o posiblemente con la cooperación del profesor de arte de la escuela. Cuando esta tarea se termine, las representaciones artísticas de los símbolos de la Confirmación pueden usarse para decorar la escuela, el área de la recepción o el espacio de culto (que no sea el santuario) de la parroquia durante el día que se celebra la Confirmación.

Pida a los candidatos que escojan uno de los signos, símbolos o rituales descritos en las páginas dos y tres del folleto del estudiante. Enseguida pídales que utilicen sus pinturas preferidas (acuarelas, lápices para dibujar, etc.) para crear una representación grande del símbolo o ritual. El producto final debe tomar la forma de una pancarta o póster que pueda exponerse.

Si los candidatos necesitan ideas, las ilustraciones dentro de los círculos que acompañan a cada uno de las nueve explicaciones, pueden servir como un buen punto de partida. Advierta cómo los dibujos no necesitan ser complejos o elaborados, de hecho, normalmente surten más efecto cuando son simples. Esta puede ser una actividad divertida y creativa. Las posibilidades son ilimitadas.

Para aquellos individuos que no quieran dibujar o pintar, sugiera que hagan un collage con imágenes de revistas o fotos que ellos mismos hayan tomado. Por ejemplo, la imposición de manos podría ser representada en un collage de imágenes de personas estrechándose las manos unos a otros, dando abrazos o cosas por el estilo. El collage debe expresar que el hecho de tocar "es un acto significativo que trae vida y curación a la persona que es tocada…"

Anime a los candidatos a que dediquen tiempo y esfuerzo a sus trabajos. Deles el tiempo adecuado para producir pancartas o pósteres dignos de exhibirse durante la celebración de la Confirmación.

NOTAS

Pida una vez más a los candidatos que compartan los folletos con sus padres de familia o seres queridos. Lea los consejos para esta tarea antes de despedir al grupo. Esta tarea es muy fácil y debería requerir una explicación breve. Invite a los estudiantes a que pidan a sus familiares algunas sugerencias; sin embargo, a final de cuentas, deben escribir acerca de la tradición familiar que más les guste. Después de mostrar la página completa en un lugar destacado durante una o dos semanas, cada uno de los estudiantes debe colocarla en sus propios diarios espirituales.

TAREA EN FAMILIA

Cada familia, sin importar si es grande o pequeña, tiene sus tradiciones llenas de significado. Estas tradiciones, que a menudo incluyen símbolos con gran contenido, nos ayudan a festejar los cumpleaños, los días festivos y las vacaciones, momentos todos estos que esperamos con tanta expectación. Las tradiciones familiares y los símbolos **se convierten en memorias imborrables**, y nosotros mismos buscamos continuar con esas tradiciones después de haber formado nuestras propias familias.

Tómate un momento para discutir las tradiciones que son especialmente importantes para tu familia. **¿Tienen algún modo especial de celebrar la Navidad o la Pascua?** Habla acerca de grandes símbolos como pasteles de cumpleaños o el árbol de Navidad. Imagina la Navidad sin el árbol y sin sus adornos, o el Adviento sin la corona. ¿Cómo la ausencia de símbolos importantes afecta su celebración? Recuerda también las vacaciones favoritas de la familia. ¿Hay algún lugar que te guste visitar una y otra vez?

Después de unos minutos de lluvia de ideas por parte de la familia o de algunos seres queridos, escribe algunas frases que describan una de las tradiciones más especiales para tu familia. Incluye algunos signos o símbolos que embellezcan la ocasión o la celebración. **Coloca esta hoja en un lugar donde puedas verla** constantemente durante la siguiente semana y trata al mismo tiempo de ser más consciente de las tradiciones, signos, símbolos y colores litúrgicos de la Iglesia, los cuales embellecen la asamblea de la Celebración Eucarística Dominical.

MI TRADICIÓN FAMILIAR FAVORITA

ORACIÓN FINAL

Lea con devoción a la clase:

Señor, el día de hoy te pedimos que nos hagas profundamente conscientes de los símbolos de tu grandeza que existen en el mundo que nos rodea, los árboles y las flores, las creaturas de la Tierra, el poder del viento, el fuego, el agua, la fuerza de una comunidad de creyentes. Que usemos nuestros ojos, nuestros oídos y nuestras manos para encontrarte en toda tu Creación; en especial, en los demás. Te agradecemos las tradiciones, los rituales, los signos y los símbolos que hacen nuestras vidas y celebraciones ricas y llenas de significado. Amén.

En silencio apague la vela.

LIBROS LIGUORI

Basado en el texto original escrito por Michael Ketterhagen. Un agradecimiento especial a los padres Paul Niemann y Joe Kempf. Editado por Marco Batta. Diseño de Maggie Bubenik. © Libros Liguori, Liguori, MO 63057-9999.

Publicado con aprobación eclesiástica. Textos tomados del Ritual para la Confirmación, Editorial Buena Prensa 1999. Impreso en Estados Unidos.

IRMACIÓN TAR "DE VICIO"

qué significa ser partícipe ón de Jesús para un joven os Evangelios nos muestran ente que la misión de Jesús sión de servicio, **en especial es y marginados**.

ero servidor se olvida de sí e sí misma. Las necesidades ás son su prioridad. Como de Jesús, nuestro reto como cristianos es el de ser cada nscientes de las necesidades s que nos rodean y en e las personas que vemos

o todos estamos llamados oneros en una tierra lejana. eces un aparente acto nte de delicadeza puede e en un gran acto de l momento de considerar proyectos de servicio como ón para la Confirmación, mero en estos aspectos:

é clase de personalidad o? ¿Eres acaso el tipo de organizador al que le gusta relacionarse con todo tipo de personas? ¿O quizá eres de esas personas a las que les gusta un trabajo personalizado y con grupos reducidos?

¿Qué es lo que te gusta hacer? El servicio a los demás puede y debe ser algo que se disfruta y, a su vez, sea de provecho. Por ejemplo, si eres un experto en computación, ¿te gustaría dar tutoría a los estudiantes y donar tus talentos al servicio de la comunidad? Si amas el deporte, ¿te gustaría asistir como entrenador de estudiantes más jóvenes o quizá ocupar una hora a la semana brindando tu ayuda a algún compañero de equipo que está batallando con sus habilidades? Si a ti te gustan los niños, piensa en la posibilidad de ayudar con el programa para cuidar niños durante la Misa o entretener a los pequeños de tu colonia después de las horas de escuela.

¿Qué tipo de compromisos tienes en tu horario? El fin del proyecto de servicio no es añadir más preocupaciones a tu vida o a la vida de tus papás. Considera aquellas ideas que sí pueden llevarse a cabo y son realistas. Si tu vida ya está muy llena de actividades, podrías considerar dejar a un lado algunas actividades que no están sirviendo para añadir calidad a tu vida. Esto podría ser un servicio a ti mismo y a tu familia.

Considera aquellos servicios que te gustaría continuar después de haber recibido el sacramento de la Confirmación. Recuerda que la Confirmación requiere que nos adentremos más en la vida de la Iglesia. Debemos **cambiar nuestros corazones** y llegar a ser jóvenes que lleven una vida de servicio, no solo cuando es útil, sino más bien, cuando es necesario.

La cosa más maravillosa acerca del servicio es que la recompensa es enorme. Cuando servimos a los demás, estamos amando, dejamos de estar encerrados en nosotros mismos, nos enfocamos menos en nuestros propios gustos. **Mientras más servimos a los demás, más amamos.** Eventualmente ambos se convierten en un modo de vida. Las personas que sirven están llenas de alegría, de paz y, en su servicio, llegan a ver el rostro de Dios.

2

a ser misioneros en una tierra lejana. Algunos de nosotros estamos llamados a servir al Señor ayudando a una persona anciana o discapacitada con sus compras una o dos veces por semana; o incluso dando parte de nuestro tiempo para ayudar a estudiantes más jóvenes que tienen dificultad con la lectura o las matemáticas, una vez por semana después de las clases. Anime a los candidatos a poner en práctica esos talentos y habilidades que han recibido de Dios. Alguien que ame la música, puede pedir permiso para comenzar a practicar con los músicos de la parroquia o con el coro, a fin de que él o ella vayan entendiendo el compromiso que implica el ministerio de la música. Las posibilidades son infinitas. Y qué modo tan maravilloso el que se nos presenta para alabar y agradecer a Dios por habernos dado a cada uno talentos y dones únicos.

Cierre este segmento con la lectura de las palabras que están en la columna derecha de la página tres. Subraye su importancia, pues estas arrojan un sentido más positivo en la experiencia de servicio a los demás.

Actividad: "Si tuviera todo un día para mí mismo…"

Si pidió al grupo responder a las preguntas de los párrafos en cursiva de la página tres, no se tendrá tiempo para realizar otra actividad por escrito. En caso de que así fuera, los candidatos podrían meditar estas preguntas mentalmente durante algunos minutos. Lo ideal sería que estas respuestas fueran escritas en sus diarios espirituales.

Esta pregunta está basada en la suposición de que reservamos algún tiempo para hacer lo que realmente amamos. Esperamos que las respuestas de los candidatos los van a ayudar a mantenerse centrados en sus intereses personales (esto podría ser de gran ayuda para aquellos candidatos que tienen cierta dificultad para conocer cuáles son sus intereses o están inseguros acerca de sus talentos).

Pida a los candidatos que respondan a las siguientes preguntas:

Si te dieran un día entero para hacer aquello que tú quisieras, ¿en qué lo emplearías? Imagina que tienes a tu disposición una suma de dinero considerable en tu bolsa y además un transporte a tu disposición. De inicio a fin, ¿cómo emplearías tu día? (asegúrese de que los candidatos sepan que sus respuestas son confidenciales y que solo se animará a compartirlas a aquellos que lo deseen).

NOTAS

Con casi todas las ideas ya dichas, esta tarea debería ser fácil de realizar. La parte más importante de la página cuatro es la de involucrar a los padres de familia y seres queridos en la tarea de buscar posibles proyectos de servicio. Pida a los candidatos que animen a sus familiares a leer toda la lección ocho del folleto del estudiante antes de realizar la tarea para la familia.

En seguida, junto con sus padres y seres queridos adultos, que lean la lista de sugerencias de los posibles proyectos de servicio de la página cuatro. Que los candidatos pidan ideas y aportaciones de sus padres o de aquellos que mejor los conocen. Asimismo, pídales que escuchen atentamente, por más difíciles que parezcan, aquellas sugerencias que hagan sus padres. Después de esto, los candidatos deben completar la parte baja de la página cuatro y guardarla en sus diarios espirituales.

Al momento de pensar en posibles proyectos de servicio, sería bueno que escucharas las recomendaciones de tus papás. Es muy probable que ellos te conozcan muy bien y puedan darte buenas ideas de cómo aprovechar en proyectos de servicio **los talentos que Dios te ha dado** y también tus propios intereses. Desde un punto de vista práctico, tus padres serán los responsables del transporte y de tu horario, entonces, es bueno que se tomen en cuenta sus recursos y su tiempo.

Por último, la decisión de cómo quieres servir a tus hermanos y hermanas está en tus manos. Tómate el tiempo para hablar de los posibles proyectos de servicio y de las ideas que surgieron por tu cuenta. Recuerda que **hay muchas oportunidades** esperándote fuera del círculo cercano de amigos y vecinos. Hay personas con necesidades que viven en toda la ciudad, en todo el país y en el mundo entero. El servicio es un estilo de vida.

TAREA EN FAMILIA

EN TU CASA Y EN TU COLONIA

- Prepara la cena para tu familia o para alguna familia que esté pasando por momentos difíciles, una vez por semana.
- Ofrécete para cuidar a tus hermanos pequeños, de modo que tus papás puedan tener una noche para salir juntos.
- Interésate por una persona anciana de tu colonia. Ayúdale a cuidar su casa y a realizar aquellas labores que se han vuelto imposibles para ella.
- Organiza un club con un grupo de niños de tu colonia, el cual se pueda reunir una o dos veces por semana para actividades educativas.

EN TU IGLESIA

- Involúcrate en un ministerio dentro de la parroquia. Mejora tus habilidades como lector, músico o encargado de acoger a nuevos miembros. Estos son modos maravillosos de participar en la vida de tu parroquia.
- Promueve y conviértete en un miembro activo del grupo de jóvenes de tu parroquia.
- Ofrécete para cuidar a los niños de aquellos que asisten a servicios en la parroquia, como son el coro o alguna reunión.
- Involúcrate en aquellas organizaciones que promueven, dentro de tu parroquia, el servicio a los pobres.

EN TU CIUDAD O POBLACIÓN

- Haz voluntariado en los hospitales o asilos de ancianos, e intenta llevar una relación con los pacientes o residentes que reciban pocas visitas.
- Participa en donaciones de comida, ropa, juguetes o en proyectos en beneficio de los pobres de tu comunidad.
- Ofrécete, después de la escuela, como asistente en los entrenamientos deportivos que benefician a niños con necesidades especiales.
- Ofrece tutoría a estudiantes más pequeños que estén batallando con una o más de sus materias.

EN TU PAÍS O EN EL MUNDO

- Estudia los asuntos actuales de justicia social. Infórmate e involúcrate en organizaciones que promuevan la paz y la justicia.
- Promueve la idea de que somos administradores de la Tierra y apoya a las organizaciones que luchan por proteger el medio ambiente. Haz un esfuerzo para desperdiciar menos y reciclar todo lo que se pueda volver a usar.
- Desarrolla una relación epistolar con alguien que pueda **expandir tu visión** o quizá te pueda abrir los ojos a un mundo totalmente nuevo para ti; por ejemplo, alguien de tu misma edad que viva en otro país, un prisionero o un misionero que trabaje lejos de casa.

Por último, anota algunas ideas que te llamen la atención de forma particular:

____

____

3

ORACIÓN FINAL

Lea con devoción a la clase:

Señor, me has hecho un individuo único, con dones y talentos especiales, aun cuando no me he llegado a dar cuenta de ellos. Enséñame a dar algo de mí mismo. Enséñame a poner mis talentos y habilidades al servicio de la construcción de tu Reino en la tierra. Que sepa facilitar las cargas de los demás por medio de mis acciones hechas con amor, a pesar de que estas sean simples o pasen desapercibidas. Ayúdame a hacer del servicio a los demás un estilo de vida. Te pido que sea yo las manos, los brazos y la voz de Jesús para todo aquel que encuentre en mi camino. Amén

En silencio apague la vela.

LIBROS LIGUORI™

Basado en el texto original escrito por Michael Ketterhagen. Un agradecimiento especial a los padres Paul Niemann y Joe Kempf. Editado por Marco Batta. Diseño de Maggie Bubenik.

Publicado con aprobación eclesiástica. Textos tomados del Ritual para la Confirmación, Editorial Buena Prensa 1999. Impreso en Estados Unidos.

Durante la ceremonia de Confirmación, el obispo extiende sus manos sobre los candidatos y ora así:

"Dios Todopoderoso, Padre de nuestro Señor Jesucristo, que regeneraste, por el agua y el Espíritu Santo, a estos siervos tuyos y los libraste del pecado: escucha nuestra oración y envía sobre ellos el Espíritu Santo Paráclito; llénalos de espíritu de sabiduría y de inteligencia, de espíritu de consejo y de fortaleza, de espíritu de ciencia y de piedad; y cólmalos del espíritu de tu santo temor. Por Jesucristo nuestro Señor" (Ritual de la Confirmación, 25).

LOS FRUTOS DEL ESPÍRITU SANTO

En la carta de san Pablo a los Gálatas leemos: "el fruto del Espíritu es caridad, alegría, paz, comprensión de los demás, generosidad, bondad, fidelidad" (Gal 5:22-23). En otras palabras, cuando nos involucramos de lleno en la edificación del Reino de Dios en este mundo, cosechamos los frutos de nuestro arduo trabajo y maduración personal. Utilizando las Escrituras como referencia, la tradición de la Iglesia ha transmitido doce frutos del Espíritu Santo, estos son: "caridad, gozo, paz, paciencia, longanimidad, bondad, benignidad, mansedumbre, fidelidad, modestia, continencia, castidad (uso apropiado del don de la sexualidad)" (CIC 1832).

Cuando somos sellados con el don del Espíritu Santo, damos inicio a un nuevo camino de crecimiento hacia la madurez cristiana. Con la ayuda de los dones del Espíritu, podemos vivir una vida humana y cristiana plena. Podemos, así mismo, llegar a ser personas amables, humildes y llenas de paz.

2

La página tres profundiza el significado y propósito de los dones del Espíritu Santo. El primer párrafo de la sección que lleva por título: ¿Por qué el Espíritu Santo nos otorga estos dones?, repasa las enseñanzas actuales de la Iglesia respecto del Espíritu Santo, como vienen explicadas en el Catecismo. El segundo párrafo explica un punto muy importante: se nos otorgan estos dones sagrados no solo para nuestro crecimiento espiritual o nuestro beneficio, sino también para el crecimiento espiritual y beneficio de todos nuestros hermanos y hermanas en Cristo. Debemos usar estos dones para hacer de nuestro mundo un lugar más santo por medio de nuestras acciones hechas con amor. Enfatice estas ideas, porque esto es lo que anima a los candidatos a ver la Confirmación como un sacramento por medio del cual se van adentrando en la vida de la Iglesia, es decir, en la obra de Jesús.

La parte final de la página tres, los frutos del Espíritu Santo, explica brevemente lo que significan los frutos del Espíritu Santo. Visto de un modo más sencillo, cuando trabajamos para poner en práctica y perfeccionar los dones del Espíritu, también cosechamos los frutos de nuestro esfuerzo. En otras palabras, cuando vivimos del mismo modo que vive Jesús, llegamos a experimentar el gozo, la paz, la bondad y los otros frutos del Espíritu Santo. El Catecismo define los frutos del Espíritu como "perfecciones que forma en nosotros el Espíritu Santo como primicias de la gloria eterna" (CIC 1832). Aquellos que aman y están llenos de fe, experimentan la paz interior que es una primicia verdadera del Cielo en la Tierra.

Actividad: un nuevo modo de ver a verdaderos héroes

La Escritura nos dice que "todos aquellos a los que guía el Espíritu de Dios son hijos e hijas de Dios" (Rom 8:14). El Catecismo afirma que los dones del Espíritu nos hacen "dóciles para obedecer con prontitud las inspiraciones divinas" (CIC 1831). Mientras reflexionan acerca de estas ideas, pida a los estudiantes que recuerden a alguna persona a la que ellos admiren y respeten. Que cada candidato se centre en una persona en particular que sea para él o para ella un verdadero héroe. Cuide que los candidatos no vayan a escoger personas que sean superestrellas, dado que se trata de que sobresalga el carácter, y no los logros personales. Anime a los candidatos a que recuerden personajes que sean verdaderos portadores de paz y servidores excepcionales. Pida que piensen en individuos que posean una sabiduría verdadera y un valor extraordinario.

Aunque se trate de individuos que posean dones extraordinarios, podría ser que sean al mismo tiempo personas ordinarias. Aun cuando no son perfectas, atraen la admiración y el respeto de los demás. Dé a los candidatos cinco o diez minutos para pensar por qué guardan admiración y respeto por sus héroes. Mientras ellos reflexionan esto, pida que consideren los siete dones del Espíritu Santo. Es posible que la mayoría de los verdaderos héroes posean o utilicen uno o más de los dones del Espíritu de modo extraordinario.

Pida que los candidatos usen su diario espiritual para describir a sus héroes y destaquen la presencia de los dones (o frutos) del Espíritu Santo. Cada candidato puede enfocarse en un solo héroe. Después de que el grupo ha tenido tiempo suficiente para escribir uno o dos párrafos, invite a los candidatos a que compartan sus pensamientos. Intente que la discusión de grupo se mantenga centrada en la presencia especial de los dones y frutos del Espíritu en estos héroes.

NOTAS

Esta actividad es diferente de aquellas que se realizaron en las lecciones pasadas. Esta actividad en particular no requiere la participación de la familia del candidato. Sin embargo, pida a los candidatos que compartan con su familia el folleto, antes de su tarea de la página cuatro, de modo que las familias estén informadas del contenido de esta lección.

Las directrices para esta tarea son bastante sencillas. Lea en voz alta con el grupo las instrucciones antes de la oración final, para que se resuelvan todas las dudas que se tengan. Pida a los candidatos que pongan en sus diarios espirituales sus oraciones completas al Espíritu Santo. Anímelos a que pongan por escrito en sus diarios cualquier pensamiento importante que hayan tenido mientras hacían sus revisiones personales. Tener un diario espiritual es de gran ayuda para crecer en el conocimiento y en el desarrollo personal.

TAREA EN FAMILIA

Si bien todas las lecciones pasadas han finalizado con una tarea que requería trabajar con tu familia, esta tarea en particular la podrás realizar **tú mismo** en un lugar que te permita realizar una reflexión tranquila.

Antes de iniciar esta tarea permite que tus papás o seres queridos se enteren de esta tarea y puedan saber lo que estás aprendiendo en tu preparación para la Confirmación. En seguida, **busca un lugar tranquilo** y reflexiona acerca de lo siguiente:

Del modo más realista posible, evalúa el estado de tu vida. ¿Te consideras **una persona feliz** o crees que pasas mucho tiempo en estado de tristeza o depresión? ¿Posees un sentido de paz y confianza en tu relación con los demás o con frecuencia te sientes amenazado, inseguro, celoso o molesto? ¿Tienes confianza en Dios, lo que te permite ver positivamente el futuro o te sientes atrapado en el pesimismo y la tristeza? Reflexiona cuidadosamente en cada uno de los dones del Espíritu Santo. ¿De qué modo cada uno de estos dones te ayudará a perfeccionar las cualidades buenas que ya son parte de ti? Después, **enfócate en uno de los dones** que tenga mayor importancia en tu vida. Redacta una breve oración en la que pidas al Espíritu Santo ese don. Sería bueno que dieras una explicación de por qué ese don particular tiene un valor tan especial para ti en este momento. Si así lo deseas, comparte esta oración con tu familia y seres queridos.

MI ORACIÓN AL ESPÍRITU SANTO

3

ORACIÓN FINAL

Lea con devoción al grupo:

Señor, el día de hoy hemos examinado todos los dones maravillosos que tu Espíritu Santo derrama sobre nosotros en la ceremonia de la Confirmación. Nos damos cuenta de que nos has hecho con una bondad muy profunda, a tu imagen y semejanza. Te pedimos que nos des la fortaleza para hacer brillar nuestra luz sobre toda la Creación. Que usemos los dones del Espíritu Santo para tu gloria y para el bien de tu Santa Iglesia. Que siempre seamos instrumentos de tu paz y de tu amor. Que siempre estemos abiertos a los impulsos de tu Espíritu. Amén.

En silencio apague la vela.

LIBROS LIGUORI

Basado en el texto original escrito por Michael Ketterhagen. Un agradecimiento especial a los padres Paul Niemann y Joe Kempf. Editado por Marco Batta. Diseño de Maggie Bubenik.

Publicado con aprobación eclesiástica. Textos tomados del Ritual para la Confirmación, Editorial Buena Prensa 1999. Impreso en Estados Unidos.

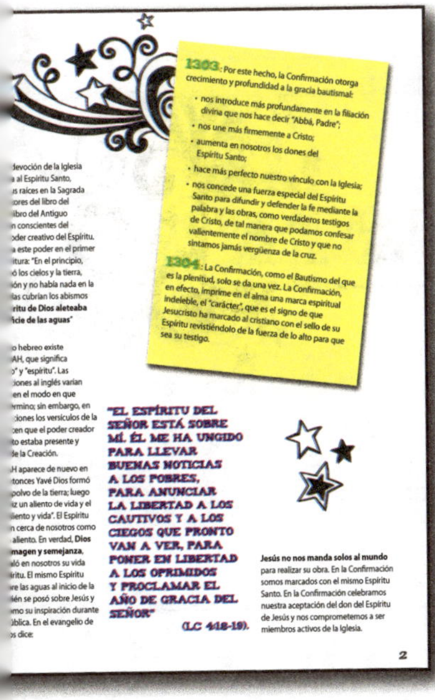

1303: Por este hecho, la Confirmación otorga crecimiento y profundidad a la gracia bautismal:

- nos introduce más profundamente en la filiación divina que nos hace decir "Abbá, Padre";
- nos une más firmemente a Cristo;
- aumenta en nosotros los dones del Espíritu Santo;
- hace más perfecto nuestro vínculo con la Iglesia;
- nos concede una fuerza especial del Espíritu Santo para difundir y defender la fe mediante la palabra y las obras, como verdaderos testigos de Cristo, de tal manera que podamos confesar valientemente el nombre de Cristo y que no sintamos jamás vergüenza de la cruz.

1304: La Confirmación, como el Bautismo del que es la plenitud, solo se da una vez. La Confirmación, en efecto, imprime en el alma una marca espiritual indeleble, el "carácter", que es el signo de que Jesucristo ha marcado al cristiano con el sello de su Espíritu revistiéndolo de la fuerza de lo alto para que sea su testigo.

"EL ESPÍRITU DEL SEÑOR ESTÁ SOBRE MÍ. ÉL ME HA UNGIDO PARA LLEVAR BUENAS NOTICIAS A LOS POBRES, PARA ANUNCIAR LA LIBERTAD A LOS CAUTIVOS Y A LOS CIEGOS QUE PRONTO VAN A VER, PARA PONER EN LIBERTAD A LOS OPRIMIDOS Y PROCLAMAR EL AÑO DE GRACIA DEL SEÑOR"

(LC 4:18-19).

Jesús no nos manda solos al mundo para realizar su obra. En la Confirmación somos marcados con el mismo Espíritu Santo. En la Confirmación celebramos nuestra aceptación del don del Espíritu de Jesús y nos comprometemos a ser miembros activos de la Iglesia.

2

(el aliento de vida) y la fuente de toda santidad.

- El mismo Espíritu que estaba sobre Jesús, aletea también sobre nosotros y nos fortalece con sus dones santos. Como los Apóstoles, no hemos sido enviados al mundo solos.

Actividad: RUAH

Esta es una oportunidad para que los candidatos sean creativos. Pídales que se imaginen al Espíritu Santo. Las imágenes bíblicas del viento y el aliento vienen a la mente; del mismo modo los símbolos litúrgicos del fuego y el agua. Algunos candidatos podrían proponer nuevas formas para describir el poder creador o la fuente de toda santidad. En esta actividad no existen respuestas correctas o incorrectas. La imagen del Espíritu Santo podría ser algo complejo para algunos estudiantes, mientras que para otros podría ser bastante simple.

Después de que los candidatos han tenido algunos momentos para reflexionar en las imágenes del Espíritu Santo tan llenas de significado, pídales que pongan sus pensamientos por escrito. Esto se puede hacer de diversas maneras, dependiendo del interés que tengan y de sus talentos. Para aquellos que les guste dibujar, podrían bosquejar o pintar una imagen visual. Esta obra de arte podría convertirse en una hermosa cubierta para sus diarios espirituales. A aquellos a quienes les guste escribir poesía, se les debe animar para escribir un poema corto, posiblemente en forma de un "haiku". Una poesía colocada sobre un papel como fondo atractivo o expuesto dentro de un borde decorativo, podría servir también como una buena cubierta para el diario de un candidato. A un amante de la música le gustaría describir al Espíritu usando su pieza instrumental favorita. Incluso un músico podría ser capaz de componer una corta melodía para flauta o para piano. Estas dos últimas sugerencias deberán, más bien, llevarse a la práctica fuera del salón de clase para presentarse en una clase posterior. Como líder, debe juzgar qué tan complicado quiere que se vuelva esta actividad, en base al tiempo y a los recursos. Haga todo lo posible para permitir que los candidatos utilicen su creatividad.

NOTAS

Lea las directrices para esta tarea antes de terminar la lección. Explique que mientras la actividad de esta lección pide a los candidatos que reflejen en imágenes al Espíritu Santo, lo que ahora se pide es que se centren en la acción del Espíritu Santo y, en particular, en sus propias vidas. Como en las actividades anteriores, esta actividad deberá consistir en una profunda introspección personal. Una vez más, no hay respuestas correctas o incorrectas.

Esta se presenta como una buena oportunidad para que usted, como líder del grupo y catequista, ofrezca ejemplos de su vida, de cómo ha presenciado el trabajo del Espíritu en su propia vida (recuerde aquellas ideas que le vinieron durante la preparación personal). Las orientaciones para esta tarea son bastante sencillas y no deberían requerir mucha explicación. Aunque, de ser necesario, puede dar más ejemplos.

Finalmente, pida a los candidatos que sean más conscientes de los modos sutiles en que el Espíritu Santo guiara, influirá y tocará sus vidas durante las semanas siguientes.

TAREA EN FAMILIA

Entender al Espíritu Santo requiere la fe y la aceptación del **"misterio"** en nuestras vidas. El Espíritu no puede ser descrito en términos humanos. Incluso los autores inspirados de la Biblia solo pudieron usar términos como "viento", "aliento" y "espíritu".

Aun así, es posible que cada uno de nosotros haya experimentado el poder y la obra del Espíritu Santo. Toma algunos minutos con los otros miembros de tu familia. ¿Puedes recordar momentos en los que sentiste el poder del Espíritu Santo trabajando en tu vida? No busques grandes momentos, dado que muchas veces el influjo del Espíritu es imperceptible.

En las líneas de abajo **describe brevemente** un momento en el que tu creíste que el Espíritu Santo estaba presente en tu vida, en la vida de tu familia o incluso en la vida de la comunidad de fe (recuerda la gracia de una amistad especial, la gracia de sanar una herida con la ayuda de alguna relación familiar, el sentimiento de unidad experimentado por los miembros de la Iglesia durante la adoración a Dios por medio de algún canto especial). Como siempre, después de haber escrito tus pensamientos, colócalos en un lugar donde puedas verlos continuamente a lo largo de la siguiente semana. **Intenta tener muy presente durante esta semana el trabajo del Espíritu en tu vida** y en la vida de tus amigos y seres queridos.

3

ORACIÓN FINAL

Lea con devoción a la clase:

Señor, el día de hoy hemos reflexionado acerca de la acción divina del Espíritu Santo. Que nos volvamos profundamente conscientes de la suave guía del Espíritu y su sutil influencia, tomando tiempo para estar serenos y en calma. En ocasiones, nuestras vidas se vuelven tan ocupadas, ruidosas y llenas de ansiedad que perdemos de vista al Espíritu que habita en nuestros corazones. Enséñanos, Señor, a seguir las amables invitaciones de tu Espíritu, que nos fortalecen para nuestro gran viaje y son fuente de toda santidad. Amén.

En silencio apague la vela y despida a los candidatos.

LIBROS LIGUORI

Basado en el texto original escrito por Michael Ketterhagen. Un agradecimiento especial a los padres Paul Niemann y Joe Kempf. Editado por Marco Batta. Diseño de Maggie Bubenik. © Libros Liguori, Liguori, MO 63057-9999.

Publicado con aprobación eclesiástica. Textos tomados del Ritual para la Confirmación, Editorial Buena Prensa 1999. Impreso en Estados Unidos.

conversión constante a
labra de Dios, la oración
riodos regulares de ayuno
dad. El periodo de los
era en verdad un tiempo
fundo.

idatos que estaban ya
bir el Bautismo, eran
cio de la Cuaresma,
se a su celebración de
comunidad entera oraba
te por ellos.

la madrugada de la
scua, los candidatos
dos a la piscina para el
an sumergidos en el agua
esaban su fe en el Padre,
el Espíritu Santo. Los
ados eran confirmados por
el don del Espíritu, por
nposición de las manos
nueva comunidad de
npletaba su iniciación
tar los dones del pan y del
rtiendo la Eucaristía con la
istiana **por primera vez.**

cia intensa de conversión
la comunidad, era seguida
do de instrucción que
ncuenta días de la Pascua,
ostés.

MEDIA
MPOS
RNOS

s iban cambiando. A medida
nismo se convertía en la
al del mundo occidental,
n las conversiones de
ayoría de las personas
a la Iglesia desde su infancia,
nento de su Bautismo. La
n tenía lugar antes de la
unión, la cual **se celebraba**
ños. La presencia del obispo
os candidatos que ellos
os de la Iglesia entera, no
solo de su pequeña comunidad de fe. Durante la Edad media, la Confirmación, al estar separada del Bautismo, comenzó a tener otras características de iniciación. La Confirmación llegó a ser conocida como el sacramento por el que uno se convertía en "soldado de Cristo". La experiencia misma de la Confirmación resaltaba el "testimonio cristiano", simbolizado en el suave golpe que el obispo daba en la mejilla del candidato.

LOS CAMBIOS DEL SIGLO XX

En el siglo XX, **un cambio grande** ocurrió en el proceso de iniciación. El Papa Pío X quería que los niños recibieran la Eucaristía antes. Así fueron introducidos en la práctica de la Primera Comunión a la edad en que ya tenían "uso de razón", más o menos a los siete u ocho años. Sin embargo, la Confirmación seguía recibiéndose a la edad de doce años en la mayoría de las diócesis. Esto significa que se había alterado el orden tradicional de los sacramentos de iniciación –Bautismo, Confirmación y Eucaristía. Este cambio en el orden en que se reciben estos tres sacramentos importantes, ha creado mucho debate y discusión dentro de la Iglesia Católica. Líderes de la Iglesia y académicos están luchando por aclarar el significado y propósito de la Confirmación hoy en día. ¿Se trata más de un sacramento de iniciación que de un sacramento de compromiso? El estudio y discusión del tema sigue en pie actualmente.

El Vaticano II ordenó que se revisara el rito de la Confirmación, de modo que expresara de manera más clara el significado y lugar de este sacramento en la vida cristiana. **El nuevo rito** enfatiza la unidad entre el Bautismo, la Confirmación y la Eucaristía. Para mostrar la relación entre el Bautismo y la Confirmación, se pide a la persona que está por ser confirmada, que renueve sus promesas bautismales. La unidad entre la Confirmación y la Eucaristía está resaltada por el hecho de que la Confirmación se lleva a cabo dentro de la Misa. En efecto, se celebra una Misa especial en la que las oraciones y lecturas se centran en el significado de la Confirmación.

El énfasis en la responsabilidad compartida de la parroquia o de la comunidad en la celebración de la Confirmación es otro rasgo importante del nuevo rito. La celebración del sacramento ya no se considera como un asunto personal que tiene interés solamente para aquellos que van a ser confirmados, para sus padrinos y para los papás. **La totalidad del Pueblo de Dios**, representada por la comunidad local, es invitada a tomar parte y a regocijarse con motivo de la recepción del don del Espíritu Santo en sus miembros.

2

de los católicos hoy en día reciben la Primera Comunión antes de recibir la Confirmación. La relación cercana entre estos tres sacramentos de iniciación se vuelve aún más ambigua.

- Señale que, para los catecúmenos que entran a formar parte de la Iglesia Católica durante la Vigilia Pascual, se mantiene el orden tradicional en la recepción de los sacramentos: Bautismo, Confirmación y Eucaristía.
- Comente que en la Iglesia se sigue reflexionando sobre el significado y el lugar de este sacramento, así como pidió el Concilio Vaticano II. Dado que la mayoría de los candidatos a la Confirmación están entre las edades de 12 y 18 años, muchos de los catequistas presentan este sacramento como un compromiso en el que los jóvenes hacen una decisión personal para renovar sus promesas bautismales, hechas la primera vez por sus padres a nombre de ellos. Si bien este elemento está presente en este sacramento, estas lecciones enfatizan el aspecto de iniciación de la Confirmación donde el recién confirmado, fortalecido por los dones del Espíritu Santo, se introduce de modo total en la vida de la Santa Iglesia de Dios. No solo son miembros de la Iglesia (en lo cual se convirtieron a la hora de su Bautismo), sino que están involucrados y contribuyen como miembros activos y amados del Cuerpo de Cristo.
- El segundo párrafo de esta sección explica cómo el rito de la Confirmación une este sacramento con el Bautismo (por medio de la renovación de las promesas bautismales) y la Eucaristía (por medio de la celebración de la Confirmación dentro de la celebración de la Misa).
- El nuevo rito de la Confirmación (así como el rito de la Iglesia primitiva), destaca la responsabilidad compartida de la comunidad de fe local en la celebración del sacramento. La Confirmación no es ya un asunto individual. El propósito primordial de la ceremonia de compromiso de la parroquia es hacer que la parroquia sea consciente de esto.

Actividad: profundizar en la Vigilia Pascual

El propósito de esta actividad es estudiar el rito del Bautismo, de la Confirmación y de la Eucaristía, así como se celebran durante la Vigilia Pascual. Este es un modo excelente de ver la relación que existe entre la práctica moderna y la antigua. Es seguro que todos los candidatos han asistido recientemente a una celebración de la Vigilia Pascual; no hay una liturgia tan rica en significado, tradición y simbolismo. La realidad es que varios de los candidatos no estarán familiarizados con lo que sucede en la noche del Sábado Santo.

Comience explicando al grupo que la Vigilia Pascual es el punto culminante del año litúrgico de la Iglesia. Esta noche celebramos la historia de nuestra salvación y el hecho maravilloso de que Jesucristo dispersó las tinieblas de nuestras vidas a través de su vida, muerte y resurrección.

Distribuya las copias del misal u hoja litúrgica que se utiliza en la noche del Sábado Santo entre el mayor número posible de candidatos y pídales, de ser necesario, que la compartan entre ellos. Pida a los estudiantes que hagan turnos para la lectura de la liturgia vespertina. No se tendrá el tiempo suficiente para leer las lecturas y los salmos, pero explíqueles que estos extractos de la Escritura describen hechos importantes en la historia de la Iglesia. Examine con atención los ritos del Bautismo y de la Confirmación que inician a los catecúmenos y compare estos ritos con aquellos ritos primitivos descritos en la página dos y tres de la guía del estudiante. Las semejanzas son notables.

NOTAS

Estudie en grupo los extractos de la Constitución Apostólica acerca del sacramento de la Confirmación. Estas declaraciones no solo resumen el significado y propósito de la Confirmación, sacramento en el que recibimos "el don inefable, el mismo Espíritu Santo", sino que claramente declara que, como miembros de la Santa Iglesia de Dios, los recién confirmados "quedan vinculados más perfectamente a la Iglesia", "a la vez que son más estrictamente obligados a difundir y defender la propia fe como auténticos testigos de Cristo, con la palabra y con las obras".

El objetivo es pedir a los candidatos que inicien el proceso de discernimiento acerca de aquellos posibles caminos en los que podrían servir al Pueblo de Dios. Se les anima a recibir consejo de los miembros de su familia y de sus seres queridos; de aquellos que más los quieren. Se les pide también que piensen en términos realistas y simples. Deberían saber, así mismo, que las acciones de servicio más simples son las que tienen un mayor y mejor sentido. Pídales que piensen en sus propios dones, talentos e intereses. El servicio puede y debe ser una experiencia que se disfruta y llena de sentido. Por último, después de recibir ayuda de sus familiares, los candidatos deben escribir cada uno los posibles proyectos de servicio. Estas son solo ideas o posibilidades. Los proyectos de servicio y ministerios en la Iglesia disponibles para los jóvenes se tratarán con más cuidado en el retiro final.

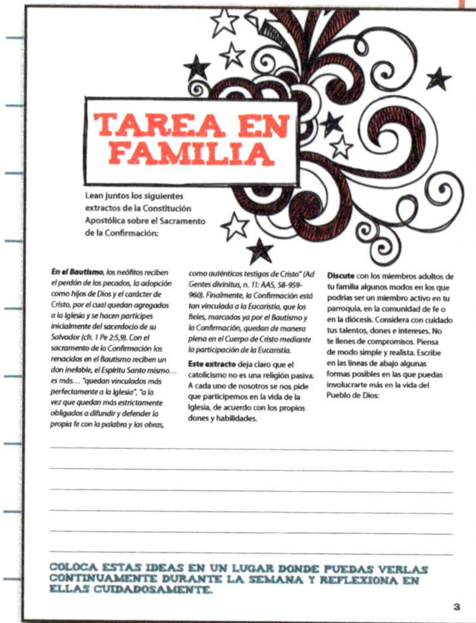
TAREA EN FAMILIA

Lean juntos los siguientes extractos de la Constitución Apostólica sobre el Sacramento de la Confirmación:

***En el Bautismo**, los neófitos reciben el perdón de los pecados, la adopción como hijos de Dios y el carácter de Cristo, por el cual quedan agregados a la Iglesia y se hacen partícipes inicialmente del sacerdocio de su Salvador (cfr. 1 Pe 2:5,9). Con el sacramento de la Confirmación los renacidos en el Bautismo reciben un don inefable, el Espíritu Santo mismo… es más… "quedan vinculados más perfectamente a la Iglesia", "a la vez que quedan más estrictamente obligados a difundir y defender la propia fe con la palabra y las obras, como auténticos testigos de Cristo" (Ad Gentes divinitus, n. 11: AAS, 58-959-960). Finalmente, la Confirmación está tan vinculada a la Eucaristía, que los fieles, marcados ya por el Bautismo y la Confirmación, quedan de manera plena en el Cuerpo de Cristo mediante la participación de la Eucaristía.*

Este extracto deja claro que el catolicismo no es una religión pasiva. A cada uno de nosotros se nos pide que participemos en la vida de la Iglesia, de acuerdo con los propios dones y habilidades.

Discute con los miembros adultos de tu familia algunos modos en los que podrías ser un miembro activo en tu parroquia, en la comunidad de fe o en la diócesis. Considera con cuidado tus talentos, dones e intereses. No te llenes de compromisos. Piensa de modo simple y realista. Escribe en las líneas de abajo algunas formas posibles en las que puedas involucrarte más en la vida del Pueblo de Dios:

COLOCA ESTAS IDEAS EN UN LUGAR DONDE PUEDAS VERLAS CONTINUAMENTE DURANTE LA SEMANA Y REFLEXIONA EN ELLAS CUIDADOSAMENTE.

3

ORACIÓN FINAL

Lea con devoción a la clase:

Señor, hoy hemos aprendido cómo el Espíritu Santo ha traído la verdadera Sabiduría a todos los creyentes a través de los siglos. Te pedimos, en palabras de san Cirilo, que nuestras mentes sean refinadas por el fuego de la reverencia. Que desarrollemos un mayor aprecio de la gran dignidad que Jesús nos confiere cuando el Espíritu, que mora en nosotros, hace de nuestras mentes la casa de Dios. Que nuestras obras y nuestras palabras reflejen siempre el influjo de tu presencia en nuestras vidas a través del Espíritu Santo. Amén.

En silencio apague la vela y despida a los candidatos.

LIBROS LIGUORI™

Basado en el texto original escrito por Michael Ketterhagen. Un agradecimiento especial a los padres Paul Niemann y Joe Kempf. Editado por Marco Batta. Diseño de Maggie Bubenik. © Libros Liguori, Liguori, MO 63057-9999.

Publicado con aprobación eclesiástica. Textos tomados del Ritual para la Confirmación, Editorial Buena Prensa 1999. Impreso en Estados Unidos.

LOS DIEZ MANDAMIENTOS

Además de las dos declaraciones de los credos, que son las declaraciones de doctrina básica de la comunidad católica, hay dos directrices basadas en la Escritura y que forman parte de los estándares de vida moral de los cristianos. El primero de estos pasajes de la Escritura se encuentra en el libro del Éxodo 20:1-7:

UNO Yo soy Yavé, tu Dios, el que te sacó de Egipto, país de esclavitud. No tendrás otros dioses fuera de mí. No te harás estatua ni imagen alguna de lo que hay arriba, en el cielo, abajo, en la tierra, y en las aguas debajo de la tierra. No te postres ante esos dioses, ni les sirvas, porque yo, Yavé, tu Dios, soy un Dios celoso. Yo pido cuentas a hijos, nietos y biznietos por la maldad de sus padres que no me quisieron. Pero me muestro favorable hasta mil generaciones con los que me aman y observan mis mandamientos.

DOS No tomarás en vano el nombre de Yavé, tu Dios, porque Yavé no dejará sin castigo a aquel que toma su nombre en vano.

TRES Acuérdate del día del Sábado, para santificarlo. Trabaja seis días y, en ellos haz todas tus tareas. Pero el día séptimo es día de descanso, consagrado a Yavé, tu Dios. Que nadie trabaje: ni tú, ni tus hijos, ni tus hijas, ni tus siervos, ni tus siervas, ni tus animales, ni los forasteros que viven en tu país. Pues en seis días Yavé hizo el cielo y la tierra, el mar y cuanto hay en ellos, y el séptimo día descansó. Por eso bendijo el Sábado y lo hizo sagrado.

CUATRO Respeta a tu padre y a tu madre, para que se prolongue tu vida sobre la tierra que Yavé, tu Dios, te da.

CINCO No matarás.

SEIS No cometerás adulterio.

SIETE No robarás.

OCHO No atestiguarás en falso contra tu prójimo.

NUEVE No codiciarás la casa de tu prójimo.

DIEZ No codiciarás a su mujer, ni a sus servidores, a su buey o a su burro. No codiciarás nada de lo que le pertenece.

2

nos indican qué debemos hacer y cómo debemos vivir nuestras vidas si en verdad somos seguidores de Jesús. Como la Confirmación es la parte activa del proceso de iniciación, las Bienaventuranzas son especialmente relevantes para la Confirmación del candidato. Jesús claramente nos dice que el cristianismo no es una fe pasiva. Nuestra fe es una fe viva, que nos lleva a involucrarnos y a comprometernos. Si alguien ha sido un miembro pasivo de la Iglesia por un tiempo prolongado, el sacramento de la Confirmación ofrece una verdadera oportunidad para comprometerse y cambiar. Puede ser un momento decisivo en el propio viaje de la fe.

Actividad: profundizando

Pida a los candidatos sacar sus diarios espirituales y sus lapiceros. Haga que cada uno escoja una frase de los Diez Mandamientos o de las Bienaventuranzas que tenga para ellos un significado especial y relevante. Cada uno de los candidatos debe escribir esa frase al inicio de la página del diario y escribir enseguida un párrafo o dos en el que se explique por qué ese Mandamiento o Bienaventuranza es tan importante para él o para ella.

ORACIÓN FINAL

Lea con devoción ante la clase:

Señor, al continuar nuestro viaje de fe, te pedimos tu luz y consejo. Te pedimos los dones del Espíritu Santo, la sabiduría y el entendimiento en nuestro estudio y contemplación acerca de las enseñanzas de la Santa Iglesia. Danos la agudeza para cuestionar, el coraje para enfrentar nuestras dudas y la fortaleza para vivir nuestra fe cada día de nuestras vidas. Muévenos de la inactividad a la actividad, de la ignorancia al entendimiento y del temor a la fe en ti, Señor. En nuestra lucha por crecer, llénanos de tu paz. Amén.

En silencio apague la vela y deje ir a los candidatos.

Dé algunos ejemplos. Si alguno de ellos ha sido herido por comentarios de otras personas acerca de él o de ella, a esa persona le gustaría explayarse en el octavo mandamiento: "No atestiguarás en falso contra tu prójimo". Algún candidato que esté experimentando un fuerte dolor como resultado de la pérdida de un ser querido (la pérdida no tiene que ser la muerte), podría encontrar de gran ayuda el reflexionar acerca de la segunda Bienaventuranza, "Felices los que lloran, porque recibirán consuelo".

Una vez más recalque que los diarios espirituales son algo personal y privado. Sin embargo, los candidatos que lo deseen, pueden compartir sus pensamientos y se les debe animar a hacerlo. Recuerde al grupo que el propósito de llevar un diario espiritual iniciarse en la reflexión personal, la meditación y al discernimiento (la estructura de las frases u ortografía no son importantes, incluso los estudiantes disfrutarían escribir solo frases cortas o incluso en forma poética). Escribir un diario debe ser algo agradable, incluso una terapia.

Antes de terminar la lección, asegúrese de que todas la preguntas han sido resueltas (al menos se han tocado en la discusión). Aquellos estudiantes que hayan presentado preguntas con cierto grado de dificultad, deben saber que sus preocupaciones serán atendidas posteriormente con alguna persona que posea un mayor conocimiento en el área de la doctrina católica. Deje claro que las dudas son algo saludable y, hasta cierto punto, normal.

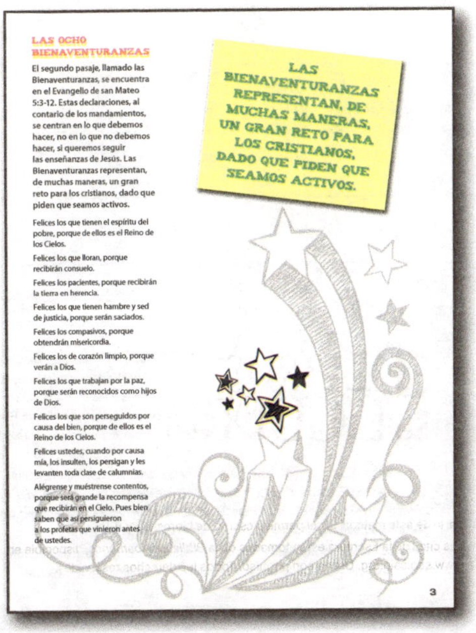

LAS OCHO BIENAVENTURANZAS

El segundo pasaje, llamado las Bienaventuranzas, se encuentra en el Evangelio de san Mateo 5:3-12. Estas declaraciones, al contario de los mandamientos, se centran en lo que debemos hacer, no en lo que no debemos hacer, si queremos seguir las enseñanzas de Jesús. Las Bienaventuranzas representan, de muchas maneras, un gran reto para los cristianos, dado que piden que seamos activos.

Felices los que tienen el espíritu del pobre, porque de ellos es el Reino de los Cielos.

Felices los que lloran, porque recibirán consuelo.

Felices los pacientes, porque recibirán la tierra en herencia.

Felices los que tienen hambre y sed de justicia, porque serán saciados.

Felices los compasivos, porque obtendrán misericordia.

Felices los de corazón limpio, porque verán a Dios.

Felices los que trabajan por la paz, porque serán reconocidos como hijos de Dios.

Felices los que son perseguidos por causa del bien, porque de ellos es el Reino de los Cielos.

Felices ustedes, cuando por causa mía, los insulten, los persigan y les levanten toda clase de calumnias.

Alégrense y muéstrense contentos, porque será grande la recompensa que recibirán en el Cielo. Pues bien saben que así persiguieron a los profetas que vinieron antes de ustedes.

LAS BIENAVENTURANZAS REPRESENTAN, DE MUCHAS MANERAS, UN GRAN RETO PARA LOS CRISTIANOS, DADO QUE PIDEN QUE SEAMOS ACTIVOS.

3

NOTAS

LIBROS LIGUORI™

Basado en el texto original escrito por Michael Ketterhagen. Un agradecimiento especial a los padres Paul Niemann y Joe Kempf. Editado por Marco Batta. Diseño de Maggie Bubenik.

Publicado con aprobación eclesiástica. Textos tomados del Ritual para la Confirmación, Editorial Buena Prensa 1999. Impreso en Estados Unidos.

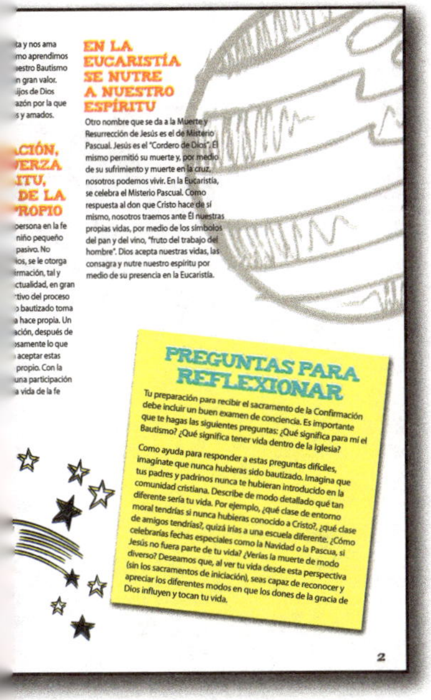

EN LA EUCARISTÍA SE NUTRE A NUESTRO ESPÍRITU

Otro nombre que se da a la Muerte y Resurrección de Jesús es el de Misterio Pascual. Jesús es el "Cordero de Dios". Él mismo permitió su muerte y, por medio de su sufrimiento y muerte en la cruz, nosotros podemos vivir. En la Eucaristía, se celebra el Misterio Pascual. Como respuesta al don que Cristo hace de sí mismo, nosotros traemos ante Él nuestras propias vidas, por medio de los símbolos del pan y del vino, "fruto del trabajo del hombre". Dios acepta nuestras vidas, las consagra y nutre nuestro espíritu por medio de su presencia en la Eucaristía.

PREGUNTAS PARA REFLEXIONAR

Tu preparación para recibir el sacramento de la Confirmación debe incluir un buen examen de conciencia. Es importante que te hagas las siguientes preguntas: ¿Qué significa para mí el Bautismo? ¿Qué significa tener vida dentro de la Iglesia?

Como ayuda para responder a estas preguntas difíciles, imagínate que nunca hubieras sido bautizado. Imagina que tus padres y padrinos nunca te hubieran introducido en la comunidad cristiana. Describe de modo detallado qué tan diferente sería tu vida. Por ejemplo, ¿qué clase de entorno moral tendrías si nunca hubieras conocido a Cristo?, ¿qué clase de amigos tendrías?, quizá irías a una escuela diferente. ¿Cómo celebrarías fechas especiales como la Navidad o la Pascua, si Jesús no fuera parte de tu vida? ¿Verías la muerte de modo diverso? Deseamos que, al ver tu vida desde esta perspectiva (sin los sacramentos de iniciación), seas capaz de reconocer y apreciar los diferentes modos en que los dones de la gracia de Dios influyen y tocan tu vida.

2

este proceso de iniciación. En cierto modo, la Confirmación representa esa respuesta al Bautismo.

- En la Confirmación recibimos los dones y los frutos del Espíritu Santo (estos serán discutidos en profundidad en una lección posterior), los cuales nos fortalecen para adentrarnos más en la vida de la Iglesia de Dios. La respuesta de una persona a esos dones requiere de conciencia y de acción. En otras palabras, ¡el Cristianismo no es una religión pasiva!

Después de leer el párrafo acerca de la Eucaristía enfatiza los siguientes puntos:

A. La Eucaristía representa el signo último de nuestra unión con Dios y con los demás. Aquí es donde compartimos un pan y un cáliz, el Cuerpo y la Sangre de nuestro Señor Jesús. Aquí somos el Cuerpo de Cristo.

B. La Celebración Eucarística nos ofrece pan para nuestro viaje. Para el cristiano, el alimento espiritual tiene la misma importancia que el alimento material.

C. Este es un buen momento para discutir acerca de la importancia que tiene la asistencia obligatoria a la Misa Dominical, punto que muchos adolescentes no entienden con facilidad. La analogía de la comida en familia puede ser de gran ayuda. Pregunta a los estudiantes qué pasa con la relación entre los miembros de una familia que no se toman el tiempo para convivir entre ellos, para alabar o ayudarse unos a otros o incluso compartir el peso de los problemas entre sí. Explica que la Celebración Eucarística es nuestra comida en familia con los miembros de nuestra comunidad especial de fe y con Dios como nuestro amado padre. Es tiempo de dar gracias, de alabar a Dios, de perdonarnos unos a otros, de recibir la exhortación de la Palabra; es tiempo para celebrar con himnos y cantos inspirados; es tiempo de alimentarnos con el pan y con el vino.

Actividad: Preguntas para considerar

La relación entre el Bautismo y la Confirmación se tocó durante esta lección. Aun así, es importante otorgar tiempo a los candidatos para que reflexionen realmente en lo que el Bautismo significa para cada uno de ellos en particular. Pídales que saquen sus diarios espirituales y en una página nueva pongan la fecha.

Lea en voz alta las preguntas para considerar de la página tres. Pida a los candidatos que respondan en sus diarios espirituales a la lectura que se va haciendo. Deles tiempo para que vayan a fondo y describan lo mejor que puedan qué sería de sus vidas si nunca hubieran sido bautizados. Otro modo de afrontar la pregunta sería imaginarse a ellos mismos creciendo en una familia que no cree para nada en Dios. Sugiera a los estudiantes que contesten todas las preguntas posibles del párrafo segundo. Esto les ayudará a dar detalles importantes. Anime a los candidatos a usar su imaginación y a mostrar seriedad. Se espera que esta actividad ayude a los estudiantes a entender que la gracia recibida en el Bautismo les ha afectado (quizá de modo profundo) en sus vidas. El Bautismo altera para siempre el curso de nuestro viaje de fe.

Como nota final, invite a los estudiantes a compartir sus respuestas escritas, si así lo desean pero, al mismo tiempo, tenga cuidado de respetar la privacidad de aquellos que prefieran dejar sus respuestas como algo personal. Si solo hay unos pocos que desean compartir sus ideas, eso será necesario para estimular la discusión e involucrar a cada uno en la discusión.

NOTAS

Tome tiempo para leer las instrucciones de esta tarea antes de acabar. Anime a los estudiantes a hacer una entrevista a un miembro de su familia que posea una fe madura. Para ser realistas, habrá algunos estudiantes en el grupo cuyos papás no sean muy practicantes. Sería mejor hablar en particular y en privado con estos estudiantes y recomendarles que hagan la entrevista a un pariente cercano o a su posible padrino. Las preguntas que se encuentran en la página cuatro, las puede responder cualquiera que haya recibido los sacramentos de iniciación, ya sea como niño o como adulto. Si alguno de los estudiantes prefiere hacer la entrevista a uno de sus padres o a uno de sus hermanos mayores que ha dejado de practicar la fe, quizá esta comunicación pueda facilitar la comunicación, tanto del candidato, como de la persona que está siendo entrevistada. En otras palabras, deje que el candidato tome la decisión final acerca de la persona a la que quiere entrevistar.

Mientras nosotros quisiéramos que el estudiante entrevistara a alguien que posee una sana y sólida fe católica, nos podría sorprender el hecho de que un estudiante aprendiera de la experiencia de escuchar a una persona que está teniendo dificultades con su fe.

Por último, recuerde a los estudiantes que Dios llama a cada uno en un modo diverso. Todos llegamos a conocer a Dios de una manera diferente. No todos recorremos el mismo camino, aunque esperamos que se crucen con frecuencia, especialmente cuando nos reunimos para celebrar la Eucaristía. Anime a los estudiantes a ver esta preparación para la Confirmación como un tiempo en el que pueden entender mejor su llamado a la santidad.

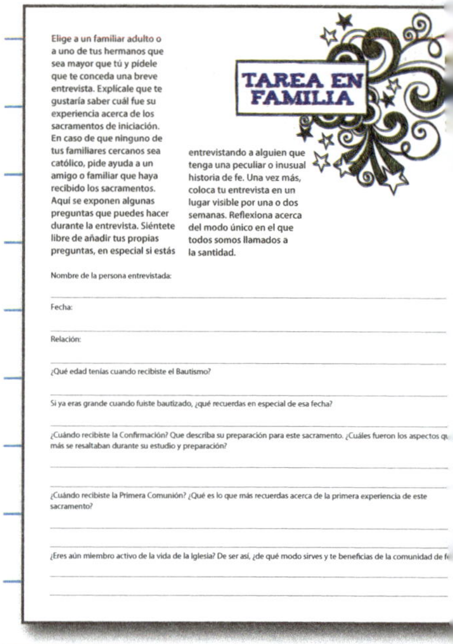

TAREA EN FAMILIA

Elige a un familiar adulto o a uno de tus hermanos que sea mayor que tú y pídele que te conceda una breve entrevista. Explícale que te gustaría saber cuál fue su experiencia acerca de los sacramentos de iniciación. En caso de que ninguno de tus familiares cercanos sea católico, pide ayuda a un amigo o familiar que haya recibido los sacramentos. Aquí se exponen algunas preguntas que puedes hacer durante la entrevista. Siéntete libre de añadir tus propias preguntas, en especial si estás entrevistando a alguien que tenga una peculiar o inusual historia de fe. Una vez más, coloca tu entrevista en un lugar visible por una o dos semanas. Reflexiona acerca del modo único en el que todos somos llamados a la santidad.

Nombre de la persona entrevistada:

Fecha:

Relación:

¿Qué edad tenías cuando recibiste el Bautismo?

Si ya eras grande cuando fuiste bautizado, ¿qué recuerdas en especial de esa fecha?

¿Cuándo recibiste la Confirmación? Que describa su preparación para este sacramento. ¿Cuáles fueron los aspectos qu más se resaltaban durante su estudio y preparación?

¿Cuándo recibiste la Primera Comunión? ¿Qué es lo que más recuerdas acerca de la primera experiencia de este sacramento?

¿Eres aún miembro activo de la vida de la Iglesia? De ser así, ¿de qué modo sirves y te beneficias de la comunidad de f

ORACIÓN FINAL

Lea con devoción a la clase:

Señor, te pedimos que al continuar nuestro viaje de fe, nos ayudes a comprender y a apreciar la vida sacramental que nos ofreces por medio de tu Iglesia. Aunque éramos demasiado pequeños en el momento en que nos reclamaste como tuyos por medio de nuestro Bautismo, ahora nos damos cuenta de qué grande ha sido la influencia de tu gracia y de tu amor infinito para guiar nuestras vidas. Te damos gracias por el don de nuestros padres, padrinos, profesores, verdaderos amigos, por nuestra familia dentro de la Iglesia y por todos aquellos que han trabajado para transmitir tu verdad, tu amor y tu luz en nuestras vidas. Sigue caminando a nuestro lado en nuestro camino de preparación. Amén.

LIBROS LIGUORI

Basado en el texto original escrito por Michael Ketterhagen. Un agradecimiento especial a los padres Paul Niemann y Joe Kempf. Editado por Marco Batta. Diseño de Maggie Bubenik. Liguori, MO 63057-9999.

Publicado con aprobación eclesiástica. Textos tomados del Ritual para la Confirmación, Editorial Buena Prensa 1999. Impreso en Estados Unidos.

LAS PALABRAS DE COMPROMISO

IDATOS LA RMACIÓN

Dios los ha llamado a
ias de Dios por medio del
del Bautismo. Ustedes
la Luz. Ahora el camino
se abre aún más ante
tándolos a reconocer
ios por cada uno de
edirles su compromiso
a vida de servicio y amor,
usticia para todos. Este
de la fe en el que Cristo
modo amoroso a la vida
n ustedes listos para
iaje?

s: Sí, lo estoy.

: ¿Están dispuestos a
comunidad cristiana
orno en que llevarán
periencia de fe y de
en el Espíritu?

s: Sí, lo estoy.

: ¿Están dispuestos
ar en su compromiso
n Jesucristo y a hacerse
s de los dones del
n de poder edificar el
os?

s: Sí, lo estoy.

A LOS PADRINOS DE CONFIRMACIÓN

Celebrante: ¿Están dispuestos a ayudar a estos candidatos a llegar a la Confirmación en su viaje del Espíritu, en nombre de la comunidad cristiana?

Padrinos: Sí, lo estoy.

A LA COMUNIDAD PARROQUIAL

Celebrante: ¿Continuarán renovando su fe en el mismo espíritu de su Confirmación?

Comunidad: Sí, lo haremos.

Celebrante: ¿Apoyarán a estos jóvenes de su comunidad cristiana en el seguimiento de Jesús y de su Evangelio?

Comunidad: Sí, lo haremos.

Celebrante: Señor de amor y de bondad, te damos las gracias, en nombre de nuestros hermanos y hermanas, que han experimentado tu presencia en sus vidas. Hoy, en presencia de tu comunidad, van a prometer prepararse para tu venida en el sacramento de la Confirmación *(ahora el celebrante pide a los padrinos que hagan el signo de la cruz sobre los candidatos para prepararlos a su viaje del Espíritu).*

Recibe la cruz de Cristo: por medio de este signo de amor, Cristo será tu fortaleza. Aprende ahora a conocerlo y a seguirlo. Él es tu fiel compañero, recuérdalo cuando estudies, cuando reflexiones, cuando te prepares y cuando ores.

Candidatos: Amén.

Celebrante: Señor, te pedimos por aquellos que han recibido el signo de la cruz de Nuestro Señor Jesucristo. Por su poder, guárdalos. Que sean fieles al llamado, para que puedan vivir con su amado Creador en la gloria. Te lo pedimos por Cristo, Señor nuestro.

Todos: Amén.

Sigue la oración de los fieles.

2

Iglesia; en realidad, ellos son la Iglesia. El ser adulto no es condición necesaria para ser miembro de la Iglesia. Somos miembros de la Iglesia desde el momento en que somos bautizados. Se espera que al momento de la Confirmación los neoconfirmados se sumerjan más a fondo en la vida de la Iglesia, la cual los recibió al momento de su Bautismo.

- Si algún candidato ha escogido ya un padrino, él o ella debe pedirle que esté presente durante la ceremonia de compromiso de la parroquia. De todos modos se darán algunas sugerencias acerca de la elección de padrinos en una lección posterior. Lo que es más importante aquí es que los candidatos pidan a sus padres, familiares y amigos que estén presentes en esta ceremonia.

Actividad: escribir las cartas de invitación

En este momento cada uno de los candidatos deberá escribir una carta a aquellas personas que él o ella quiera que estén presentes en la ceremonia de compromiso de la parroquia (se debe dirigir una carta a ambos padres de familia, a menos que el candidato decida otra cosa). Si algún candidato tiene ya un padrino, también se le debe escribir una carta de invitación.

Esta carta no debe ser extensa, pero sí escrita de forma personal y se debe intentar explicar brevemente el sentido de la ceremonia. Antes de asignar esta tarea a los candidatos es necesario ponerse de acuerdo con el párroco acerca de la fecha y hora en la que se llevará a cabo la ceremonia. Si su escuela o parroquia tiene su propio director de educación religiosa, este también debe ser tomado en cuenta para escoger la fecha y hora de la ceremonia. Se debe dejar claro para aquellos adultos que están organizando la ceremonia, que el momento ideal para esta ceremonia de cinco o diez minutos, es después de la homilía, frente a un nutrido grupo de feligreses durante la Misa dominical; preferentemente en las primeras semanas del periodo de preparación de los candidatos. De ser posible algunos representantes del grupo de candidatos podrían llevar las ofrendas durante el ofertorio y servir como ministros de la Palabra. De este modo la comunidad tomará conciencia de las intenciones de los candidatos y un mayor número de miembros de la parroquia ofrecerá sus oraciones y apoyo.

Este es un ejemplo que se puede tomar como modelo para la carta de invitación. Anímese a los candidatos a poner su mayor esfuerzo en que esas cartas sean un reflejo de la personalidad y sentimientos de cada uno de los candidatos.

Palabras de compromiso

Lea cuidadosamente las palabras de la ceremonia que están en la página tres. Para que esto funcione mejor, uno debe tomar las partes que corresponden al celebrante y dejar a los alumnos la parte que corresponde a los candidatos, padrinos y a la comunidad. Ayude a los estudiantes a decir las palabras: Sí, lo estoy", y "Amén" al unísono y con entusiasmo. Si los candidatos se muestran poco participativos y faltos de entusiasmo, la eficiencia de la ceremonia podría debilitarse. Por ello, si muestran inseguridad o timidez, se debe practicar con ellos para que respondan adecuadamente.

Finalmente debe preguntar al grupo si hay alguna duda acerca de la ceremonia o de la lección en cuanto tal.

NOTAS

La familia inmediata del candidato fue seguramente su primera comunidad de fe e, incluso ahora, es la comunidad de fe que mayor influencia tiene sobre él o ella. "Tarea para la familia" es un intento de facilitar la comunicación entre el candidato y su familia. Se debe tener sumo cuidado con los estudiantes que no viven en una familia tradicional. Lo importante es que los candidatos encuentren la fuerza, el apoyo y las oraciones de parte de sus seres queridos. Esta tarea es simple y fácil de entender. Lean junto con los estudiantes los párrafos cortos que están en la página cuatro. Hagan preguntas y asegúrense de que los candidatos lleven consigo a casa una copia de la lección o al menos de la página cuatro.

TAREA EN FAMILIA

En esta lección, hemos discutido la importancia que tiene la comunidad parroquial como fuente de apoyo y fortaleza en nuestra lucha para seguir las huellas de Nuestro Señor. Ustedes han pedido a la comunidad parroquial que eleve sus oraciones y su apoyo durante el tiempo de su preparación para el sacramento de la Confirmación. Ustedes, por su parte, se han comprometido a estudiar y a prepararse como mejor se lo permitan sus cualidades.

Ahora buscarás que tu familia haga un compromiso sencillo, pero a la vez importante. Puede ser la promesa de apoyarte y rezar por ti en tu preparación para que aprendas lo más que puedas acerca del sacramento que esperas recibir en los siguientes meses. De modo más sencillo, tú estás pidiendo que tu familia y seres queridos se tomen muy en serio tu preparación, que te asistan para encontrar un tiempo adecuado para tus estudios y para la reflexión, que estén listos para revisar las lecciones contigo y, lo que es más importante, que te apoyen con sus oraciones.

Tu familia es, sin lugar a dudas, el conjunto de miembros, dentro de toda la familia parroquial, que más ha influido en el desarrollo de tu fe. Por eso su compromiso es de suma importancia. Pide a cada miembro de tu familia (aquellos que por su edad puedan entender más) que lean la siguiente declaración. Si él o ella están a la altura del reto, lo firmarán. Una vez más, coloca esta hoja en un lugar donde lo puedas ver tan seguido como te sea posible en las siguientes semanas.

YO PROMETO

hacer mi mejor esfuerzo para ayudar a este candidato para la Confirmación,

Nombre del candidato

a prepararse para recibir este sacramento con mi estímulo, apoyo y oraciones.

Firmas

3

ORACIÓN FINAL

Lea con devoción al grupo:

Señor, te agradecemos el don de nuestra familia y de nuestra parroquia (nombre de la parroquia), que es también nuestra familia. Aunque no son perfectas, estas familias nos proveen con amor y nos nutren física y espiritualmente. Tú llegas hasta nosotros por medio de otras personas; es por medio de estas personas que nosotros conocemos la compasión, la dulzura, la honestidad, el gozo y el amor. Aquellos que se preocupan por nosotros y comparten nuestras fatigas y pesares, sostienen nuestra mano y nos dan esperanza para el mañana. Aquellos a los que amamos, celebran con nosotros, ríen con nosotros y comparten nuestros triunfos y logros. Sí, Señor, es por medio de otras personas como llegamos a contemplar tu rostro. En agradecimiento por el don de la comunidad, nosotros te alabamos. Amén.

LIBROS LIGUORI

Basado en el texto original escrito por Michael Ketterhagen. Un agradecimiento especial a los padres Paul Niemann y Joe Kempf. Editado por Marco Batta. Diseño de Maggie Bubenik. Liguori, MO 63057-9999.

Publicado con aprobación eclesiástica. Textos tomados del Ritual para la Confirmación, Editorial Buena Prensa 1999. Impreso en Estados Unidos.